천년의 이야기

천년의 이야기

2025 천태산은행나무를사랑하는사람들

詩와에세이

차례

바람이 남긴 발자국 · 강나루 · 011
찰옥수수 · 강달수 · 012
불장지심(不藏之心) · 강대선 · 013
하현 · 강문출 · 014
꽃다발 · 강상기 · 015
고백 · 강수돌 · 016
천년의 소리 · 강순구 · 017
담쟁이 · 강영은 · 018
영동 천년 할마씨 3 · 강영환 · 019
그리움 · 강은희 · 020
봄 소녀 · 강하영 · 021
속교천 은행나무길 · 고경자 · 022
다 괜찮다고 말해주세요 · 고미경 · 023
쓸쓸한 가을 · 고안나 · 024
숲을 거닐다 · 고정현 · 025
동지섣달 · 고 철 · 026
물방울 · 공광규 · 027
코스모스 달빛 · 곽문연 · 028
그래도 봄은 온다 · 곽문호 · 029
신이화차 · 곽선희 · 030
그이의 그늘 · 곽지훈 · 031
바닷가의 아코디언 · 구봉완 · 032
매미꽃 · 구삼숙 · 033
빈자리에서 · 구재기 · 034
땅의 아이들 · 권명해 · 035
십이월에는 · 권순해 · 036
숙명 · 권애자 · 037
도라지꽃 · 권용욱 · 038
달맞이 꽃님 · 금빛나 · 039
은행나무 말씀 · 기복진 · 040

선물 1 · 기성서 · 041
잔과 바다 · 김감우 · 042
사랑이 원하면 · 김경미 · 043
빗물에 나뭇잎이 떨어지는 것을 보았다 · 김고니 · 044
은행나무 · 김관식 · 045
우체통 · 김규나 · 046
다시, 은행나무 · 김기화 · 047
채집 당하다 · 김나연 · 048
천년나무에 등불을 걸다 · 김남권 · 049
자연의 이치 · 김남식 · 050
그냥 빗속을 걸었다 · 김남오 · 051
관계 · 김노을 · 052
나무 잎사귀 둥지 · 김다솜 · 053
야맹 · 김대봉 · 054
해바라기 · 김도향 · 055
끌림 · 김리영 · 056
모르게 주는 사랑 · 김명순 · 057
생생, 통(痛) · 김명철 · 058
사탕 · 김미순 · 059
버리고 떠나는 자들 · 김미연 · 060
영산강 · 김봉임 · 061
문득, 평행선 · 김삼환 · 062
들꽃 2 · 김상우 · 063
오래된 소나무 · 김선아 · 064
이래도 되는 걸까 · 김선태 · 065
달을 삼킨 고래 · 김선하 · 066
평화가 비어 있다 · 김선희 · 067
흰 꽃나무에 발목 잡혀 · 김소해 · 068
어느 날 갑자기 · 김수지 · 069
깻잎김치 · 김숙희 · 070

뒤란 꽃, 수선화 · 김순애 · 071
바람의 어록 · 김순진 · 072
그녀와 가락지나물 · 김승기 · 073
상주, 하마스 · 김승필 · 074
오래된 침묵 · 김양숙 · 075
바람 · 김영아 · 076
신경림 선생 생각 · 김영재 · 077
꽃으로 핀 당신 · 김영천 · 078
빈집 · 김옥경 · 079
약속 · 김옥랑 · 080
향유고래, 샛별 바라기 · 김완수 · 081
보듬는다 · 김완하 · 082
교목(校木) · 김요아킴 · 083
귀거래사(歸去來辭) 2 · 김용칠 · 084
영국사 은행나무 · 김윤숭 · 085
나무로 살기 · 김윤현 · 086
절정(絶頂) · 김윤환 · 087
습연(習沿) · 김은령 · 088
연실(蓮實) · 김은아 · 089
은행나무 · 김은옥 · 090
노고단의 아침 · 김인호 · 091
천태산 은행나무 · 김임백 · 092
그 자리 · 김재수 · 093
임계 온도 1.5c · 김재우 · 094
나뭇잎 가면(假面) · 김정례 · 095
모과 · 김종윤 · 096
길 · 김창제 · 097
소나기 오는 날 · 김충경 · 098
소금강 · 김파란 · 099
호박 · 김한중 · 100

은행나무 · 김향란 · 101
나무로 회귀(回歸) · 김현주 · 102
은행나무 · 김형숙 · 103
날개 펴는 소리 듣습니다 · 김혜숙 · 104
각자의 징검다리 · 김효선 · 105
키세스의 기도 · 나문석 · 106
천년 은행나무 가라사대 · 나석중 · 107
풀꽃 · 나숙자 · 108
꽃의 여행 · 나종영 · 109
축하 · 나태주 · 110
다솔사 숲길 · 나호열 · 111
정월 대보름 · 남명숙 · 112
안녕, 메리골드 · 남정자 · 113
게릴라 · 남태식 · 114
서 있는 새 · 남효선 · 115
앉을 자리 없는 전철을 타다 · 노명연 · 116
별 · 도종환 · 117
갈매기 · 류인수 · 118
작아지는 것들의 허 · 마선숙 · 119
나무야 · 문　영 · 121
애호박 · 문정석 · 122
천년의 숨결 · 문철호 · 123
산천은 바쁘다 · 문학철 · 124
풀에게 · 문효치 · 125
엄마 생각 · 민순혜 · 126
가로수 · 박경임 · 127
폭염 · 박경조 · 128
무안역 · 박관서 · 129
생수 · 박구미 · 130
영국사 · 박금리 · 131

문공(蚊公)에게 배우다 · 박 돌 · 132
앤트밀(antmil) 현상 · 박명현 · 133
맴섬 · 박상봉(대구) · 134
달빛 소나타 · 박상봉(화성) · 135
인연 · 박상조 · 136
나이 숟가락 · 박상진 · 138
벽이 온다 · 박설희 · 139
목마른 벽골제 · 박소름 · 140
소망 · 박순옥 · 141
수색 · 박우담 · 142
여름밤 · 박운식 · 143
눈물 · 박원희 · 144
동래, 내 고향 · 박윤자 · 145
첫 고백 · 박은선 · 146
평가시스템 · 박재학 · 147
지룡지몽(地龍之夢) · 박정애 · 148
이름엔 니스칠 · 박종환 · 149
나무 연대기 · 박진형 · 150
입동(立冬)의 나무 · 박찬희 · 151
봄, 한석리 · 박천호 · 152
철근쟁이의 시(詩) · 박철영 · 153
그리움 · 박향숙 · 154
늙은 은행나무의 염원 · 박희우 · 155
천태산 은행나무의 묵언 · 배명식 · 156
깃털 · 배영춘 · 157
못다 한 일들 · 백성일 · 158
꽃이 있는 곳은 어디든 위기다 · 백승보 · 159
그대 그리고 나 · 백일석 · 160
안부 · 백지은 · 161
화끈함을 무시하지 마라 · 변창렬 · 162

못 믿을 · 서범석 · 163
천년의 이야기 · 서봉순 · 164
따끈한 아침 · 서영숙 · 165
망설이는 일 · 서지희 · 166
노을이 물들 때 난 동쪽에 있었다 · 섬 동 · 167
달맞이꽃 · 성낙수 · 168
산길 · 성백술 · 169
산딸기 · 성백원 · 170
대지가 살아나다 · 손재연 · 171
천태산 은행나무 전상서 · 손진옥 · 172
우주 쇼 · 송시월 · 173
바람 경전 · 송은숙 · 174
소낙비 · 송중호 · 175
질투 · 시이청 · 176
도토리진법 · 신명옥 · 177
장엄(莊嚴)하다 · 신순말 · 178
풀벌레의 다짐 · 신언관 · 179
지각 · 신원철 · 180
환삼넝쿨 · 신현옥 · 181
설중매 피다 · 심수자 · 182
나무 밑의 사람 4 · 심종숙 · 183
비주류들 · 안원찬 · 184
경원사 · 안현심 · 185
나는 커서 · 양 곡 · 186
천태산 은행나무 · 양길순 · 187
불생불멸 · 양문규 · 188
명상수련 · 양미순 · 189
나뭇잎 경전 · 양선규 · 190
애기똥풀 · 양효숙 · 191
천태산 별 · 엄태지 · 192

아침 달 · 여 목 · 193	땡청 피우다 · 이명희 · 223
수련이 있는 정원 · 염창권 · 194	새의 밀서 · 이복희 · 224
까치 노을 · 예시원 · 195	책꽂이에는 오래된 나무가 산다 · 이비단모래 · 225
해바라기 · 오수야 · 196	오뉘 · 이사철 · 226
일갈(一喝) · 우동식 · 197	저편 · 이상인 · 227
괜찮다 · 우정연 · 198	족제비가 남긴 똥을 마시다 · 이서은 · 228
은행 가라사대 · 우진숙 · 199	연꽃 · 이서정 · 229
사과 꽃잎 따는 날 · 유명선 · 200	바스락거리는 마음 · 이선희 · 230
봄비 소리 · 유승도 · 201	고급 세단 탄 부처 되어 · 이숙희 · 231
가을에 안겨 · 유영옥 · 202	머그잔의 시간 · 이순주 · 232
노란 풍선 · 유재호 · 203	천태산 영국사 은행나무 · 이승룡 · 233
친구에게 · 유준화 · 204	닫힌 문 · 이승용 · 234
앵두 · 유진택 · 205	금빛 시간을 잠재우다 · 이양희 · 235
가을볕 · 유현숙 · 206	서쪽을 볶다 · 이연순 · 236
물탑 · 유회숙 · 207	개쉬땅나무 · 이영수 · 237
단청 · 유효정 · 208	럭키 문(Lucky Moon) · 이영신 · 238
낙화 사숙(私淑) · 윤관영 · 209	귀의 외출 · 이영춘 · 239
살아 있음의 길 · 윤난희 · 210	변신 · 이원구 · 240
그립구나, 천태산 은행나무야 · 윤수천 · 211	외딴집 · 이원규 · 241
바람의 노래 · 윤태진 · 212	작은 배 · 이재무 · 242
여름 · 이가인 · 213	지구의 붓질 · 이주언 · 243
백목련 · 이강하 · 214	황금나무 보고서 · 이주영 · 244
구멍 없는 피리 · 이 경 · 215	단풍놀이 · 이주희 · 245
낙엽은 초록으로 이어져 · 이광수 · 216	은행나무 심(心) · 이채윤 · 246
난(亂) · 이금례 · 217	말없음표 · 이한배 · 247
가을 길 · 이길섭 · 218	입동(立冬) 지나 · 이현실 · 248
천년을 품은 편지 · 이남지 · 219	깃털의 시선 · 이현협 · 249
등을 읽었디 · 이 달 · 220	연어에게 · 이혜수 · 250
그러거나 말거나 · 이날균 · 221	독도의 시간 · 이하영 · 251
지리산 중산리 · 이동근 · 222	기도란 · 이화인 · 252

은행나무의 속성 · 임덕기 · 253
고빗사위 · 임미리 · 254
예술의 신비 · 임수아 · 255
입추와 처서 · 임술랑 · 256
새소리 · 임영석 · 257
개화(開花) · 임재룡 · 258
천년의 꿈 · 장문영 · 259
월류봉에서 · 장병진 · 260
푸른 달이 뜬 밤 · 장세현 · 261
곶감을 말리며 · 장애선 · 262
기도 · 장현숙 · 263
안개는 경계를 지운다 · 전선자 · 264
억새의 함성 · 전 숙 · 265
분재 · 전하라 · 266
불두화 · 정가일 · 267
가을의 이름 속에서 · 정관웅 · 268
빛이 빛을 알아본 순간 · 정다겸 · 269
푸른에 갇히다 · 정동수 · 270
노을 · 정미숙 · 271
개굴 경(經) · 정바름 · 272
바람이 불자 · 정상조 · 273
화해 · 정세훈 · 274
은행나무 사랑 · 정 숙 · 275
시든 잎 · 정우석 · 276
다 떠나거라 · 정원도 · 277
나의 고향 · 정의숙 · 278
능소화와 장미 · 정이랑 · 279
갯메꽃 · 정택근 · 280
부추꽃 안쪽이 흔들린다 · 정하해 · 281
영국사 은행나무 · 정현숙 · 282

천년의 기도 · 정호윤 · 283
수탉 · 조경선 · 284
상처 · 조경순 · 285
분꽃 · 조광자 · 286
보름 · 조길성 · 287
은행나무 명화 · 조대환 · 288
겨울 미각(味覺) · 조동권 · 289
외할머니의 감자밭 · 조성범 · 290
어디에 있나요 · 조소영 · 291
시련의 뿌리 · 조숙제 · 292
보름달 · 조영행 · 293
돈이 열린 나무 · 조재도 · 294
작약꽃 생각 · 조정숙 · 295
질경이 · 조하은 · 296
서울의 강 11 · 지성찬 · 297
바람이 멈추었다 · 진영대 · 298
숲은 태풍 이겼다 · 차옥혜 · 299
천년 은행나무의 전언(傳言) · 차용국 · 300
그렇게들 먹지 마라 · 채승용 · 301
사람의 저녁 · 천선기 · 302
변신과 변심 사이의 단풍 · 천수호 · 303
어라 · 최경선 · 305
기억 속의 행복 · 최경화 · 306
꽃의 다짐 · 최성규 · 307
반계리 은행나무 · 최성자 · 308
노을을 배웅하고 새벽을 마중하는 시간 · 최연우 · 309
옛길 · 최영림 · 310
황혼 · 최원칠 · 311
그대 잊은 적 없다 · 최재경 · 312
끄트머리 · 하호인 · 313

노년 애가; 절정(絶頂) · 하종오 · 314
잠영(潛影) · 한상대 · 315
호수의 밤 · 한성진 · 316
모과 · 한승필 · 317
반가사유상 · 한영채 · 318
대꽃 · 한이나 · 319
가을비 · 한종훈 · 320
네 발 자전거 · 한효정 · 321
밤에도 꽃은 피어 · 함창석 · 322
고사목 · 허남기 · 323
거품 수족관 · 허승희 · 324
옹이 · 허정진 · 325
구애 · 현상연 · 326
시간의 그림자 · 홍하표 · 327
도도한 낙화 · 황경연 · 328
꽃밭 · 황구하 · 329
천년나무 · 황명자 · 330
눈 온 아침 · 황미경 · 331
옥상의 시간 · 황성주 · 332
바람 불어 좋은 날 · 황용선 · 333
몸의 꽃 · 황은경 · 334
이끼 · 황지형 · 335

바람이 남긴 발자국

강나루

가창산 기슭 토교마을
산 중턱
아담한 집 한 채

울퉁불퉁 굽어진 소나무 숲길 사이로
잔잔한 봄바람이 밀려오면
겨우내 숨죽인 솔잎들이
금빛 송홧가루를 풀어낸다

산자락 휘돌아
이팝나무 흰 꽃향기에 묻어온
중년 부부의 분주한 발자국마다
바람의 무늬를 찍는다

잔디밭에 앉아
꽃내음 묻은 재채기 뿜어내면
계절은 어느새 여름을 향해
성큼 성하의 발자국을 남긴다

찰옥수수

강달수

소슬비 내리는 오일장터 모퉁이
김이 폭폭 나는 가마솥 옆에
삐뚤빼뚤 적혀 있는

찰옥수수 팝니다
한 개 이천 원 두 개 삼천 원

찰옥수수 좋아하는 아내 생각에
호주머니를 뒤졌지만
동전 몇 개와 황량한 바람뿐

조금만 더 고생하면
호강시켜 준다고 큰소리치던
쓸쓸한 눈동자에

소나기로 변한 빗방울이
이리저리 삐뚤빼뚤 흩날리며
쏟아져 내린다

불장지심(不藏之心)

강대선

눈 위에 찍힌 발자국처럼 숨길 수 없어요
사랑하는 마음도 숨길 수 없어
당신을 보고 있으면
금방 들키고 말아요

감나무에 달린 홍시처럼 숨길 수 없어요
명절에 늦게 도착한 아들 보시던
당신의 환한 눈빛처럼
다 보이고야 마는 마음

*불장지심(不藏之心): 숨길 수 없는 마음

하현

강문출

꼭대기 네 집엔 울타리가 없어
객정이 무시로 쉬어가기 좋은 곳

한잔 걸치고
사다리 걸치면 올라갈 수 있을 것 같은

사
다
리
걷어차인 사람들 등지고 울기 좋은 곳

한 숟갈
한 숟갈 줄어드는 늦저녁 찬 공깃밥 같은

꽃다발

강상기

꺾인 꽃묶음이지만
아름다운 빛깔과 향기는 있다

그대 가슴에 안겨주면
꽃 정원이 된다

그대 가슴에서
다시 태어나는 웃음

고백

강수돌

한 구글 고급 기술자가
인터뷰에서 뒤늦게 고백한다

살아 있는 나무보다 죽은 목재가
더 가치 있는 세상이라고

산 고래보다 죽은 고래 고기가
더 값나가는 세상이라고

그러고 보니 사람도
팔팔한 생기 죽이고 착한 노동력 될 때
더 값어치 있다는 세상에 산다

여태 그것도 모르고 열심히만 달렸으니
까딱하면 한평생 헛살 뻔했다

천년의 소리

강순구

천년의 은행나무
황금빛 물이 들고

산까치 푸르르륵
까아만 깃털 털고

천년의
메아리 따라
불러본다 사랑가

영국사 신비로움
국난을 극복하고

탕부랭 연주 소리
바람결 사랄랄랄

빙그레
가을 햇살은
푹 안긴다 내 품에

담쟁이

강영은

바위나 벽을 만나면 아무도 모르게 금이 간 상처에 손 넣고 싶다

단단한 몸에 기대어 허물어진 생의 틈바구니에 질긴 뿌리 내리고 싶다

지상의 무릎 위에 기생하는 모으든 슬픔이여!

벼랑 끝까지 기어오르는 기막힌 한 줄의 문장으로

나는 나를 넘고 싶다

영동 천년 할마씨 3

강영환

마당에다 자주 똥을 지렸는지
누울 자리도 없이 구린내다
할마씨 벌써 치매는 아니겠지
기저귀 차는 손자 수발들다
손에 묻힌 황금똥 막대기가
독한 구린내로 몸을 지켜주느냐
손주 보는 일 처신이 그러할 건데
누가 와서 흉을 보겠느냐
노란 잎 하나 손댈 수 있겠느냐
이웃에는 흉보는 나무가 없어
자주 찾아와 주는 직박구리가
단내 난다고 소리 내 웃는다

그리움

강은희

하루가 불타는 노을을
숨 가쁘게 삼켜버리더니
벌써 새벽이 하늘창을 열었다

고장 난 브레이크처럼
그리움이 멈추지 않아
온통 뜬눈으로 밤을 지샜다

불청객처럼 들어선
사랑의 불씨는
누가 먼저 질러 놓았는가

그건 너라고 답하고 싶지만
실은 나야

내 마음은 내 것이잖아

봄 소녀

강하영

따스한 향기가
너를 부른다
마치 모델의 워킹처럼
도도하게 걸어온다

서서히 스며드는 얼굴
누구의 부름일까

너의 뒤태
눈여겨볼 만한 인재이다

그들만의 아름다움을
세상에 내놓을 때
조신하게 맞이할 수 있을까

속교천 은행나무길

고경자

살아 있는 화석으로 천년을 살아온 이름
겹겹이 쌓인 지층 고생대를 불러온다
기나긴 세월 보낸 후 견고해진 은행나무

투명하게 쏟아지는 금빛 약속의 길에서
햇살은 야윈 날개로 춤추며 쪼개지고
여러 겹 슬픔을 뭉쳐 바람에도 당당하다

속 깊은 나무들은 그림자를 키우고
그리움의 질량은 바닥에 석탑을 쌓고
애절한 첫사랑의 눈물, 안식에 젖어든다

다 괜찮다고 말해주세요

고미경

 전대를 차고 난전에서 악다구니를 쓰다가, 발라당 뒤집힌 딱정벌레처럼 버둥거리다가, 코가 깨져 오만상을 찌푸리다가, 비린내 밴 손으로 지폐를 세다가, 사람도 잃어버리고 비루먹은 떠돌이 개처럼 터벅터벅 캄캄한 에움길 걸어서 찾아왔습니다 충북 영동군 양산면 누교리 천태산 영국사 은행나무에게

 순금(純金)으로

 살며시 미소 짓는

 한 그루의 비로자나불이여!

 사무친 마음 없이

 말라버린 눈물꽃 한 다발

 바쳐도 되겠습니까

쓸쓸한 가을

고안나

낙천대아파트 사람들
천국 같은 편안함 누리며 살까
아파트 상가
황금슈퍼에 갔다
그 옆은 순금 머리방
그 아래층은 황금어장, 장어탕집이다
오후 봉래산 넘어가는 햇살도
황금빛이다
순금처럼 눈 부신다
얼씨구 어쩔꼬
사람은 얼씬도 않고
상가 옆 은행나무만 온통 가을이다
이파리만 금싸라기처럼 굴러다니다
푸대자루에 수북이 실려간다
은행으로 가는 걸까
금값은 사상 최대치로 뛰어올랐다는데
황금슈퍼도
순금 머리방도
황금어장도 쓸쓸한 가을날이다

숲을 거닐다

고정현

숲을 거니는데
새 한 마리 가지에 앉으며
내게 말했지

"내가 날개를 접을 때
내 몸무게 받쳐줄
나뭇가지 하나면 행복하다"

동지섣달

고 철

이 산
저 산
길어지겠네
푸른 하늘
오솔길
길어지겠네
하물며
파랑(波浪) 파랑(波浪)의
내 마음도
줄어들겠네

물방울

공광규

비 온 후 해국에 맺힌 물방울은
빗물인가
눈물인가

내가 제주 관음사에서 만난 물방울은
빗물
어머니가 법성암 천도재 지내고 나오다
일주문 앞에서 만난 물방울은
눈물

아침 풀잎에 맺힌 물방울은
이슬인가
눈물인가

내가 성사천변 산책길에서 만난 물방울은
이슬
어머니가 먼 옛날
시여지 애장터 가던 길에 만난 물방울은
눈물

코스모스 달빛

곽문연

코스모스 길, 코스모스 따라 걷는다

코스모스 속에서 흘러나오는 풋풋한 웃음

코스모스 속에서 흘러나오는 첫 설렘

코스모스 속 코스모스 길

먼 길 돌아와 다시 서 보는 그 자리

코스모스 길은 말이 없다

목이 길어진 달빛만 바람에 휘청거린다

그래도 봄은 온다

곽문호

태양이 뜨거울수록 장미의 가시는
더욱 날카로워지고 꽃잎은 붉어졌다

봄바람 불던 날 최악의 산불이
무섭게 휘몰아쳐 온 산하를 불태웠다
산짐승들이 검게 그을린 채 죽어났고
미처 화마를 피하지 못한 노인네도 죽었다

7월 장마는 100년 만의 홍수가 세상을 쓸자
산이 무너지고 깊은 골짜기도 생겨났다
휴대폰 긴급 문자가 쉴 새 없이 경고음을 울리고
그 마을에는 군민 전원 대피하라는 방송 소리와
바위 구르는 소리가 밤새 메아리쳤다
길이 끊어지고 집들이 통째로 무너져 내렸다
대피하지 못한 사람의 생존조차 알 길 없고
마을 전체가 순식간에 삶의 터전을 잃어버렸다

심한 가뭄에는 나무도 성장을 늦춘다
은행나무 나이테도 그 해는 자라지 못하고
간격이 일정하지 않고 좁아진 것을 볼 수 있다
그렇다고 나무는 성장을 멈추지 않는다
혹독한 가뭄 동안 나무는 땅속으로
뿌리를 더 넓고 깊게 내렸을 것이고
가뭄이 지나면 튼튼한 뿌리로 더욱 크게
하늘 높이 자라는 것이다

신이화차

곽선희

투명한 속, 피어난다
그 봄날 만나지 못했던 꿈
뜨거움과 함께 번져 나온다
진흙 딛고 백련처럼
호수에 뜬 두루미처럼
하늘한 날개 펼치고 피어난다

흰 눈 소복소복 쌓이던 지난겨울
보송보송 털옷 입고 기다린 봄
꽃샘추위 바람 속에도
가까스로 가지 끝에 매달려
원 없이 꽃잎 열어 보기도 전에
멍든 이파리 떨구어 보지도 못하고

거세당한 질곡의 날들
보름달이 여섯 번 차고 이울고
이제는 투명한 속
두 번째로 태어나는 생이여
시고 매콤한 부활이여

그이의 그늘

곽지훈

바람은 말을 삼키고
잎은 기억을 떨군다
지나간 발소리 몇 줄기
뿌리 깊은 곳에 남아
저문 햇살을 붙든다

손 흔들던 이도 있었고
말없이 등을 보이던 이도
모두 흙처럼 사라졌지만
그늘은 여전히 그 자리에 머문다

한세월을 지나
이름 없는 숨결들이 스며들고
남겨진 자리에 쌓여
가만히 내 어깨를 적신다

그리움이란
잎보다 먼저
떨어지는 마음

바닷가의 아코디언

구봉완

누군가 버린 아코디언이 해변에 누워 있다
파도가 밀려와 주름을 만지며
아코디언은 소리를 낸다

접혀 있던 주름이 부드럽게 밀려가고
다시 주름을 만들고 펼치는 울림의 소리

굴곡진 해안을 보며 밀물의 손끝에서
갯벌의 주름이 나타났다 사라지고
질곡 같던 어머니의 길을 머리에 이고
밀물에 잠기는 아코디언 소리

하염없이 눈물을 닦아주던 바닷가
물속에 누워 연주하는 아코디언
절벽처럼 우두커니 잠기는 바위에서
노을도 흘러내린다

매미꽃

구삼숙

비 그친
길상사 모퉁이에
무리 진 매미꽃 노랗게 피었다

절간에 앉아 해본 거라곤
매미 울 때쯤
꽃 피고 진 것밖에 없는데

매미보다
묵언하는 염불 소리
연못보다 깊다

장대비가 스쳐간 몸을
곧추세우고
가부좌를 틀었더니

뜰 앞의 매미꽃
빙그레,
염화미소로 반겨준다

빈자리에서

구재기

텅 빈 자리에서
아무런 흔적도 없이
어떤 것도 부인할 수 없다
두 사람 사이에 오고 간
그림자를 그려본다면
가장 깊은 곳에서 나온 것은
말할 나위조차도 없다
지나던 바람 하나
빈터에 머물러 있다
서로가 서로 마주하여 있는 것은
모순이거니 모순으로
받아들일 수밖에 없다

빈자리에 짙은 구름
한 장 떠 있다, 거친 바람에도
조금도 움직이지 않는다

땅의 아이들

권명해

흙 위에서 자라

흙으로 돌아갈 것을 알면서도

아이들은 달린다
벌판 끝

서쪽 하늘로 넘어가는 햇빛 속에서

웃음이 논둑을 건넌다
누군가의 어머니가

마른 손으로 부른다

그 부름이 이 땅의 심장 소리
오늘도 땅은

아이들의 발자국을 삼켜

다음 세대를 준비한다

십이월에는

권순해

언제 내렸는지
향적봉 이마가 하얗습니다

기척도 없이
저렇게
고요하게
오는 사람이 있습니다

숙명

권애자

부처님 제자 되고 싶다던 그녀
눈부신 봄 햇살 받으며
장삼 자락 하늘거리는 모습 보이고 떠난다
이제는 망자의 신분으로 부처님 세계로 들어간다
그 세계는 그녀가 선택한 길이건만
어찌 그렇게 서럽게 몸을 떨며 우는지

원력 높은 신제자의 『법화경』 소리에 실려
연꽃으로 장엄한 배 타고
그녀, 길 떠난다

한 번 떠나보낸 그녀
난 지금 또 보내야 한다

도라지꽃

권용욱

해는 넘어가지 않았고
나는 도라지꽃 언덕을 찾아가네
머릿속 덤불 뒤적이며
숲길 따라가네 여기쯤이었나
꼭 오늘 같은 날
보랏빛 종들이 오롱조롱 울리고 있었지
할 말은 다섯 볼때기 부풀리고
저녁노을에 푸른 목덜미 갸웃 수그리고
쓴 뿌리처럼
하루 더 기다리고 있을까
세상 바깥은 여뀌와 도꼬마리와 엉겅퀴들
너희는 내 일생을 다 알고 있단다
검은 파도에 휩쓸려
어느 행성으로 떠나버린
씨로 적어 남기지 못한 나의 전설을…
해는 마저 넘어가지 않았고
나는 도라지꽃 기억을 더듬고 있네
지금쯤이었나 오늘 같은 날이면
보랏빛 불가사리들이
온 바다에 출렁이고 있었지

달맞이 꽃님

　　　　　　　　　　　　금빛나

달님의 빛을 닮아서
달맞이 꽃님이죠

햇님도 좋아하지만
낮에는 너무 따뜻해서

낮잠을 많이 자는
잠꾸러기 달맞이 꽃님

밤에는 달님과 만나서
예쁜 노오란 빛을 피어내죠

은행나무 말씀

기복진

겨울 겨울이 오면
갈려지고 갈라지고
가야 할 것이 가버리고
가도 가도 남을 알갱이만
가지 않고 남으리
천태산 아래 천년 은행나무
천 년을 두고 천년만년
천심(天心)으로 전하는 말씀

알갱이가 봄이다

선물 1
—해남에서 온 무화과

기성서

땅끝 해남에서 택배가 도착했습니다
주문자와 수신자가 동일한

처음 누가 보냈나 무척 망설였습니다
심증은 가나 물증이 없어
혹여 보내지 않은 사람께 전화가 간다면
보내달라는 주문이 될 수 있어

정성으로 소포장 된 무화과를 먹을 때마다
이 사람 저 사람 떠올리며 감사를 드리니
이 또한 선물입니다
분명 그분을 닮은 분이 틀림없습니다

'오른손이 하는 일을 왼손이 모르게 하라'는

잔과 바다

김감우

잔 속에 물이 차오를 때
잔은
제 몸을 낮추고 또 낮추며
물을 받든다
그래서 잔 하고 그 이름을 부르면
말의 바닥이 길고 묵직해지는
종소리 같은 신뢰가 있다
반쯤 차면
반은 비워둔 채 가득해지는
수평선의 저녁처럼
바다도
여울의 낙차를
오롯이 받고 싶어 바다을 낮추고
굽은 겨울 강 아프게 안아
반을 채웠다
나머지 반은
허공의 몫이다

사랑이 원하면

김경미

저절로 할 수 있는 일

가을 은행나무에 달린
은행잎 몇 장인지 한 장씩 눈여겨 세는 일

밤 되면 밤하늘에 비친
야광의 은행잎들 북두칠성처럼 이어보는 일

겨울 되면 잎 다 져도
은행나무인지 알아보는 것
황금잎 대신 마른 가지 몇 개인지 세는 일

그 위에 얹힌 눈송이 숫자도

사랑이 원하면
쓸모 몰라도
평생 가장 할 만한 일인 듯이

빗물에 나뭇잎이 떨어지는 것을 보았다

김고니

흘러가는 물 위에 빗물이 내려앉고
그 위에 마른 나뭇잎이 떨어진다

우산을 준비하지 못한 사람들의 발걸음은 빨라지고
우산을 들고나온 사람들의 발걸음은 느려졌다

햇살을 믿고 산책을 나온 사람들은
빗물이 지운 세상을 바라보며 걷고

나는 투명한 우산을 쓰고 빗속을 걷는다

빗방울을 맞으며 나뭇잎이 떨어진다
세상은 온통 물방울로 정지하고

은행나무

김관식

온전한 사랑은
적당한 거리를 두고 바라보는 것
태양이 빛을 내뿜어 모든 생명을 보살피듯
은행나무는 오랫동안 자신을 지키며
꿋꿋하게 살아왔다
가까이 다가와 해치려는 벌레들에게
독을 내뿜어 응징하고 살아왔다

수많은 풀과 나무, 벌레들이
제 욕심껏 살다가 재앙을 불러들여
사라지는 것을 많이 보아왔다
오래오래 살아남는 것은 마음을 비우고
거리를 두고 사랑을 베풀며
자신을 지켜내는 것

가을
은행나무는
노란 은행잎을 떨구고
구린내 나는 열매를 떨어뜨리며
자서전을 쓴다

우체통

김규나

봄 되자
연두 잎새
나뭇가지 물어다 집 짓고

창공
끌어와
푸른 알 낳았다

어미 새
해 솟아오르면
연신 바다 퍼 날랐고

조금 사리
들락거리는
어항 속 수초엔
물고기 수시로 자랐다

껍질 벗고
어느새 입 뗀 새들
어미 품 벗어날 때까지

새벽별은 거기 있었다

다시, 은행나무

김기화

식물성으로 당신을 심었어요
수목장으로 당신을 보낸 날이에요
허기진 짐승이 된 나는
꾸역꾸역 밀어 넣은 울음을 토했어요
등을 감싸주었던 뜨거운 하늘
용서하세요, 당신을 꾹꾹 밟은 일
삽으로 흙을 퍼 당신 눈을 가린 일
잊어야 한다는 말은, 한동안
행성 몇 바퀴를 돌아야 한다는 말
이제야 당신을 만나러 가요
소멸되는 것들과 남은 추억의 위안들
계절은 바뀌는 법칙대로 익어 가고
낮달을 닮은 수척해진 낯으로
은행나무 당신을 만나러 가요
식물성 옷으로 갈아입은 풍경 한 그루
익숙한 손길로 계절을 깔고 앉아
밀봉해 둔 말 주머니를 풀어 놓아요
당신과 내가 반반씩 껴안은 은행나무
우리 모두 살아가는 일이 반반이네요

채집 당하다

김나연

오늘을 채집하러 나선다

우이천 명랑한 물소리와
천변을 장식한 금계국 수국
왜가리 날갯짓
기세 좋은 부들과 풀잎에 숨은 달팽이를

오동공원에서
기지개 켜는 상수리나무와 단풍나무
휘파람새 노래와
피톤치드 가득한 솔향기를
두루 모아 데려온다

채집물 한 보따리를 풀어보니
우이천 물소리에 보따리 한 귀퉁이가 젖어 있다

6월에 채집 당한 내가 들어 있다

천년나무에 등불을 걸다

김남권

그대를 보려고 천년을 걸어왔다
천태산을 가슴에 품고 걸어온 세월,
해마다 천 개의 잎을 피우고
천 개의 꽃을 피웠다
삼단 같은 머릿결 풀어헤친 폭포를 거슬러 내려온
공민왕의 숨결로 황금물결을 불러왔다
문무왕 8년 원각대사의 부름을 받은
사슴신의 원력으로 지었다는 영국사를 지키려고
열두 폭 치마폭에 천년의 별빛을 쏟아놓았다
달빛의 언어로 심장은 붉어지고
대지의 언어로 나무는 맑아졌다
천태산의 새벽은 날마다 새로 태어나는
별빛으로 시작되었다
밤새도록 새로 태어난 별빛들 걸어 내려와
천년나무의 숨결을 열어주었다
모든 정령들이 일어나 춤을 추는 시간,
바람도 숨죽이며 이슬을 깨우고
구름도 강물 속에서 비늘을 닦았다
보라, 천고의 목숨을
보라, 천년의 언어를
황금 깃발 펄럭이는 저 언덕을 넘어가면
피안의 문이 열리리라
다시 새 천년의 등불이 온 세상에 내 걸리리라

자연의 이치

김남식

하늘에서 내려주는 햇볕과 비만 있으면
척박한 땅에서도 최선을 다해서
살아가는 자연에 조화를 바라보면
생각보다 참 경이로운 게 많다

눈에 보이지 않는 미물을 시작으로
코끼리나 고래 같은 거대한 동물이 있듯이
이끼서부터 상상을 초월한 거목들이
자연의 숲을 이루고 있다

무심코 바라보면 걱정 없는 것처럼 보이지만
식물도 동물 세계처럼 치열할 것 같다
햇빛과 양분을 많이 얻기 위해
키재기로 땅속에서 뿌리들이 힘 겨루기할 것이다

자연의 습성에 따라 어떠한 환경에서도
잘 적응하는 것만이 살아남는
자연의 이치는 승자 독식이다

그냥 빗속을 걸었다

김남오

시골의 한적한 카페에서
아메리카노 한 잔을 시켜 놓고
고독을 즐긴다

그림 같은 창문 너머로 여우비가 내리는
소리를 들으며
침묵의 언어들을 생각한다

마음의 응어리도 함께 풀어놓고
낙엽을 두드리는
동그란 물의 입자들을 생각한다

우산을 쓴 연인들의 발걸음이 정겹다

커피 향기 속으로 들어간 빗방울이
마음의 무게를 무너뜨리고
나는 우산도 없이
빗속을 향해 걸어 들어갔다

관계

김노을

마음의 보폭을 멀리 띄워 보내고 싶은
그런 시간이 있다

마주 앉은 찻잔에 사약 같은 슬픔이 잠기고
부딪치는 술잔 위로
빛바랜 꽃잎이 내려앉아
얽히고설킨 실타래를 끊어 내고 싶을 때가 있다

그리움도 연민도
머물 곳 없는 그런 동굴 속에서
백일을 견디고 싶을 때가 있다

나무 잎사귀 둥지

김다솜

배가 덥거나 춥거나
또는 배가 살살 아플까 봐
인형에게 바지와 치마 입히듯 했다
동백잎처럼 윤기 나는 배 잎사귀 사이로
웅크린 두 마리 맑은 눈동자와 마주친 찰나
무언가 훔치다 들킨 것처럼 나도 화들짝
놀랐지만 새들도 놀라 푸드득푸드득
어미는 새끼들의 배설물을 먹거나
멀리 갖다버려 깨끗한 둥지가 대부분
근데 지저분한 배설물 있는 걸 보니 어미는 부재중 같다
비둘기도 아니고 뻐꾸기도 아닌
새들은 둥지 밖 넓은 세상이 두려워
비상하지 못하고 어미 오기만 기다릴까
새들을 두고 온 그날의 물음표와 쉼표만
허공에 대롱대롱 매달려 나를 보고 있다
3천 평이 넘는 달콤한 과수원 둥지에
새끼를 숨긴 어미는 먹이를 물고
내비게이션 없이 어떻게 찾을까

야맹

김대봉

잔 그늘 밟고 가는 허공의 시선들이

흐려지는 세상에서 초점을 맞춘다

안경이 잘 어울리는 저녁 휘청거린다

번지는 바깥을 다듬는 무의식적 생애

주름진 어둠은 긴 수면을 빠져나와

낮달 떠 있던 곳으로 새벽꿈 나른다

해바라기

김도향

누가 먼저 말 걸어 왔나
네가 끌었느냐
내가 끌려갔느냐
서로를 바라보는 눈길
이글이글 불 지피고
바짝 말라가는 입술
소나기도 어쩌지 못하고
까맣게 타들어 가는 사랑 노래
가슴 한복판 사리알로 박히는
누구랄 것 없이
장렬히 몸 받친
낯 뜨거운 대낮의 정사

끌림

김리영

분황사 들판에도 혼자 핀 꽃 있더라

무더기로 기울어진 청보리들 틈에

고개 반듯이 쳐들고 웃는 꽃양귀비

저녁에 혼자 선 내가 더 단단하여

그 꽃 이름 불러 안아주고 왔다

모르게 주는 사랑

김명순

봄꽃 내음 아쉬워질 무렵
연둣빛 들판에
살랑이는 애기똥풀
살며시 피어나 미소짓는다

자유분방 춤추는 풀들의 노래
살결에 와 닿는 애기 솜털
한 아름 달여 명주천 담그면
고귀한 사랑 물들여진다

실바람 타고 빨랫줄에 하늘거리는
하얀 비단 속 스며든 사랑
애기 상처 어루만지듯
살포시 품에 안고 줄그네 띄운다

싱그런 아침 반겨주는 햇살
깃털 같은 스카프 두르니
어느덧 느껴지는 엄마 손길
가족의 따뜻한 아침 밥상 차려놓는다

생생, 통(痛)

김명철

세상 밖으로 다리를 내민 돌은 의기양양하다
발도 걸고 바퀴도 걸고 삽도 건다 마음도? 건다
걷다가 오랜 세월이 지난 후 사라진다

세상 밖으로 등을 내민 돌은 침울하다
묵묵히 발도 올리고 바퀴도 올리고 삽도 올린다
마음도? 올린다 올리다가 오랜 세월이 지난 후 사라진다

세상 밖으로 얼굴을 내민 돌은 참혹하다 간신히
발도 피하고 바퀴도 피하고 삽도 피한다
마음도? 피한다 피하다가 오랜 세월이 지난 후 사라진다

세상 밖으로 목을 내민 돌은 담담하다 발도 우습고
바퀴도 우습고 삽도 우습다 마음도? 우습다
웃다가 오랜 세월이 지난 후 사라진다
그리고 더 오랜 세월이 지나 조금씩 다시 태어난다

사탕

                                                김미순

할머니 방 깡통 속에
까슬까슬 하얀 박하사탕

내가 몰래 먹을까 봐
할머니는 숨겨 두었지

살금살금 가만히
데리고 온 박하사탕

사탕도 심장이 있나 봐
벌써 내 입안에서
다글다글 뛰고 있어요

버리고 떠나는 자들

김미연

어느 하나도 편치 않았던
노란 갈래길
납덩이같은 추 하나씩 달고
길을 나섰다
다시 돌아올 곳이기에
애써 가벼워했다

낯선 땅 천태산에서
떠나는 씨앗들
사막 같은 마음에는
바람만 일어
갈 길 잃은 남폿불
어둠은 길기만 하다

떠난다고 덜어진 게 아니다
떠난다고 가벼운 게 아니다
길은
또 다른 시작,
돌아올 땐
바위 같은 새순 하나 또 이고 오겠다

영산강

김봉임

예나 지금이나 변함없이
머문 듯 유유히 흐르는 강
사포 강나루

아스라이 보이는 검은 물체
부표인지 물새인지
늘 그 자리에 떠 있구나

영산강아 너는 알리라
첫아이 등에 업고 친정 가던 날

해는 져서 어두운데
눈보라에 강풍이 나룻배 흔들어
가슴 조이던 그날을…

문득, 평행선

김삼환

학교 캠퍼스를 가로질러 오전과 오후
하루 두 번 기차가 지나간다

오전 기차를 타고 가는 어느 영혼과
오후 기차를 타고 오는 어느 영혼은
어디쯤에서 서로 비켜 가는 것일까?

지아비 먼저 보내고 18년 홀로 사는 여인과
아내 보내고 8년 홀로 사는 사내는

어느 역에서 낯선 사람처럼 만나
안부를 주고받는 것일까?

가는 길이나 오는 길이나
서로 평행하다고 기차를 바라보며

말을 거는
낯선 독백

들꽃 2

김상우

사람들 틈에서 살아가노라면
들꽃 같은 사람 만난다
이름도 잊었지만 기억 속에 피어 있는
별꽃 같은
들꽃 같은 사람

아프니
외롭니
비밀처럼 말 걸고 싶고
따뜻한 위안이 되고 싶은
그런 사람

소리 없이 웃는 작은 꽃
세상 구석에 영롱하게 살고 있다

오래된 소나무

김선아

산속에
산처럼 묻힌
묵은 향

표연히 겹겹 울리면
저무는 꽃살도
푸새 냄새 낸다

도심 찌꺼기
꾹꾹 누른
발목 세워 놓고

얻지 못하는 해답
줄 거 같은
열두 척 흔적

나도
쓸쓸히
강해질 때 있지

이래도 되는 걸까

김선태

이래도 되는 걸
까 정말 이래도 되
는 걸까 무엇보다도 내가 이래도 되
는 걸까 그리고 믿었던 당신이 이래도 되
는 걸까 마침내 우리가
이래도 되는 걸까 정말
이래도 되는 걸
까?

달을 삼킨 고래

김선하

그래, 그날이었다
고래가 긴 여행을 떠난 날
어둠을 헤엄치다 블랙홀처럼 빨려들어간
어느 먼 우주 한가운데서 떠돌던 고래
만날 수 없는 바다의 오로라를 찾듯
자작나무 빼곡한 야스나야 폴랴나의 어느 숲길
이룰 수 없는 이상을 찾아 그 길을 걸었을
톨스토이의 절망처럼
그럼에도 물을 거슬러 회귀해야 하는 연어처럼
마침내 심연을 거슬러 하늘로 간 고래는
그리움을 삼켜버렸다

평화가 비어 있다

김선희

비수구미 마을을 지나 강을 건너
화천 민통선 평화의 댐을 보았다

댐에는 평화가 보이지도 들리지도 않는다

분쟁 중인 국가에서
탄피를 모아 녹여 만든
세계 평화의 종

일만 관의 종에
한 관의 비둘기 날개가 따로 떨어져 있다
통일되는 날
한쪽 날개가 완성된다고 한다

퍼덕거리며 날지 못하는 날개 잘린 비둘기
타종 소리가
내 심장을 두드린다

산을 넘던 저녁해가
비둘기 날개에 머물고 있다

흰 꽃나무에 발목 잡혀

김소해

어차피 품 팔러 온 세상

발목 잡는 일 한두 가지쯤

그러려니 하더라도 꽃잎에 잡히다니

목련에 발목이 잡혀가던 길을 놓친다

어느 날 갑자기

김수지

그 자리에 서서
그렇게 빨리 꽃을 보내버리다니
바람이 어느 쪽으로 불든
빗방울이 어디서 오든
꽃은 날마다 두 손을 흔들며
산 넘고 물 건넌
고단함도 아랑곳없이
활짝 웃고 서 있는데
한 몸이 된 비와 바람은
무슨 꿈을 꾸길래
꽃이 걸어온 길
꽃이 걸어갈 길
꽃의 발자국을 벌써 지우고 말았다
그렇게 해야만 하는 이유를
말로 건네 오지만
나는 도대체
비와 바람의 언어를
알아들을 수 없다

깻잎김치

김숙희

작은엄니가 키워
양념한 깻잎김치

밥 한 숟갈에 깻잎 한 장
작은엄니 땀 한 방울

밥 한 숟갈에 깻잎 한 장
작은엄니 정성 한 줌

밥 한 숟갈에 깻잎 한 장
작은엄니 사랑 한 술

금세 비운 밥그릇엔
작은엄니 미소 한가득

뒤란 꽃, 수선화

김순애

뒤란은 뒤란의 햇볕이 있단다

엄마 어렸을 적엔 그곳에서 참 많이도 훌쩍거렸단다
겨우내 내렸던 눈물이 가장 늦게 녹는 곳도 뒤란이란다
수군거리는 발효가 있고 매운 연기들이 천천히 풀어지는 곳
몇 그루 음지의 나무들이 앙상한 곳,
그곳엔 가장 일찍 피는 꽃이 있었고
주변에 풍경을 두지 않는 꽃이 피는 곳이란다

뒤란이란 한 집안의 가장 어두운 곳이라
그 어둠을 밝히려고 수선화 알뿌리 여러 개 묻어놨었단다
봄날 환한 불 켜지듯 수선화 필 때는
그 좋던 친정 나들이도 미루었었단다

노란 등(燈) 몇 개 켜고 어둑한 조도(照度)로 견디고 있는 수선화

수선화 등불이 환하게 켜지면 장독대가 비어가고
농기구들은 들판으로 달려 나갈 기세였지
그 분주한 철이면 여린 이파리 행여 누가 밟을까
이 엄마 걱정은 다 뒤란에 있었지

해마다 봄이면 은밀하게 만나던 꽃
어디서 그렇게 노란색만 불러들여 꽃 피는 것인지 참 용했지
뒤란은 엄마의 비밀 정원이었단다

바람의 어록

김순진

통나무를 잘라 나이테를 본다
나무들의 귀는 우리의 말을 들으려 하지 않았다
꽃의 말이나 꽃 같은 말도 귀담아들으려 하지 않았다
이상하게도 그들의 귀는
스치는 말에 대하여 처절하게 밑줄을 그었다
거슬리는 말에 대하여 맹목적으로 순종했다
겨울의 말을 거울삼았다
허공에 흔들리는 귀들을 늘어놓고서
바람의 말을 열심히 경청했다
그가 귀를 접었던 그해 겨울
그는 바람의 어록을 책으로 출간할 것을 꿈꾸었다
그러나 그게 언제가 될는지는 꿈같은 일이었다
그리고 그게 자서전이 될 줄은 정말 몰랐다
결국 그는 바람의 말을 안으로 새겨 넣었다
그는 바람의 아들이었던 것이다
나는 지금 나이테, 그 바람의 어록을 보며
나의 어록에 대하여 꿈꾼다

그녀와 가락지나물

김승기

마당 한 켠에 가락지나물 꽃이 피었다

그녀가 쪼그리고 앉아 들여다보고 있다
꽃이 그녀를 닮았다

가락지나물 잎이 꼭 손바닥같이 생겼다
손가락에 반지 하나 끼워 주고 싶은 손이다

나이 일흔이 넘었어도 그녀의 손은 여전히 곱다

그러나 늦게 만나 새로 시작한 우리 사랑
십 년이 훨씬 넘었는데도
아직 그녀의 손에는 가락지가 없다

요즘 밤마다 자주 그녀의 꿈을 꾼다
몹시도 보고 싶다
함께 곁에 있어도 그렇게나 그립다

이제는 그녀의 손가락에 가락지를 끼워 주어야겠다

상주, 하마스

김승필

상처는 아물어도 흔적을 지울 수 있을까

아직 뜷은 내가 훅 끼치는 아랫목이 늙은 주인을 야곰야곰 불러요 누가 알아주지 않아도 여물면 제때 알아서 떨어지는 성할 날 없던 뒤란이 늠늠하게 단숨에 달려가요 몸통이 다 삭은 바지랑대에 널 빨래마저 없고 헐거워진 육신을 내려놓는 둥치에 불콰하게 젖은 노을이 허청허청 더디 가요 (아, 저런) 목줄 풀린 무저갱 속,
　푸른 하늘 아래 첫 감나무* 아픈 곳에서 꽃이 핀다

　하마스가 이스라엘을 공격했다는 뉴스 자막이 감 씨 한 톨만 한 꼰지발로 흘러나온다

---

*경북 상주시 외남면 소은리에 소재한 현존하는 최고령 감나무

오래된 침묵
—천태산 은행나무

김양숙

젊은 날의 흉터를 들여다보면 사포로 밀고 싶은 유혹을 느낀다
그럴 땐 가슴보다 머리로 추월하는 문장을 쫓아
무엇이든 살게 해주는 당신을 찾아 나선다

천년 동안 삼킨 침묵
몸 안에 숨기고 있는 말의 문을 흔든다
몸에 새긴 혓바닥마저 단단하다

당신 앞에 서서 생각을 집어넣고 깨어진 말의 조각들을 꺼낸다
그러나 새끼손가락에 걸렸던 말의 행방이 묘연하다

행간이 넓은 말의 반경 속에는 몸을 감싸던 거짓말도 포함될까
질문은 진부해지고 내 눈을 바라보던 당신의 눈빛이 지워져 갈 때
아닌 것은 아니라고 말하지 못했던 슬픔의 형태를 본다

지도에 없는 외로움의 거리에서
혼자 오래 구르다 보니 침묵에도 굳은살이 박혔다

이제 받침이 필요해진 외로움이 단호하게 입을 닫는 대신
가을을 입고 거울보다 찬란해지는 서사 앞에 무릎을 꿇는다

바람

김영아

잠깐 지나갈게요
앞뜰 살구나무 꽃잎 사이로
연분홍 꽃잎 하나둘 날리면
거기 내가 있어요

잠깐 쉬어갈게요
여름 들판 초록빛 벼 숲속에
벼꽃 향기 코끝에 닿으면
거기 내가 있어요

잠깐 머물다 갈게요
늦가을 아침
물비늘 살랑대는 찬 강물 위에

그리고 그 모든 순간
당신의 마음에도 머물다 갈게요

오래 머무를 순 없어요
내 운명이니까

다만 흔적은 남기고 갈게요
어느 날 어느 순간
나를 기억할 수 있도록

신경림 선생 생각

김영재

그립고 보고 싶다는
절절한 말 대신
선생님 안 계시니
심심하고 전화할 곳 없어요
정릉에 그냥 가서 서성이다
어둑녘에 돌아왔어요

그곳은 어떠세요
바람 불고 눈 내리나요
가끔은 술 한잔에
「무정부르스」 부르시나요
여기는 무사무탈 잘 있어요
5월 오면 뵈러 갈게요

꽃으로 핀 당신

김영천

향기 없다고 꽃이 아니겠는가
예쁘지 않다고 꽃이 아니겠는가

꽃처럼 생긴 잎도 있고
잎에서 꽃을 핀 것들도 있지만
하나하나 그 꽃이
또한 작은 우주 아니겠는가

강이나 바다를 향해 달려가는 꽃도 있고
숨 가쁘게
얼음산을 오르다 피는 꽃도 있나니
그대여, 그곳이 어디이든
환하게 피어라

사랑스런 그 모습에
하늘조차 엎디어 흠향하리니

빈집

김옥경

엄마가 마당에 심고 키우던 도라지
꽃은 흐드러지게 피었는데
요양원에 계시는 엄마의 기억은
집으로 돌아오지 않고
텅 빈 마루 끝에 서럽게 핀 눈물꽃

엄마가 신고 다니던 하이얀 고무신
별들이 무더기로 내리는데
엄마는 언제 오시려나
텅 빈 마당 끝에 별처럼 핀 도라지꽃

약속

　　　　　　　　　　김옥랑

어릴 적 칡넝쿨 무성한 깡촌에서
동무와 동물을 구분할 줄 몰랐다
지렁이 딱정벌레 개구리 뱀이랑도 잘 놀았다
필녀랑 놀다 오면 우르르 달겨들던
모기 파리 깔따구 드글드글 했었다

늙어도 늙어도 따라오는
모기 파리 깔따구
자고 나면 파리가 얼굴 보듬고
세수하면 모기는 종아리 붙들고
밭에 가면 깔따구 눈앞에서 알랑거리니

어쩌면
영원히 우정을 약속해 놓고
지금은 안부조차 서로 묻지 않는
금대 미애 순만이보다
죽을 때까지 피를 나누자고
전생부터 손가락 걸어 놓은 절친일 수도

향유고래, 샛별 바라기

김완수

아직
아가미를 안 만든 이유가 있지

밤새 숨 참고
하늘 보러 올라오는 바로 그 이유지

길잡이별 보고
조각배 아버지 오시는 방향 찾고
조는 달도 깨워 바닷길 밝혔지

큰바람 불어 새벽별 못 뜨면
애탄 클레멘타인
눈물 젖은 뜨개질할까 봐

보듬는다

김완하

봄에는 흙이 제 살을 잘게 저며
나무뿌리에게 다 내어준다

실뿌리 풀어져서
안으로 안으로 조여들 때

흙은 묵혀 두었던 마음을 풀고
문을 활짝 열어준다

열린 문으로 초록의 화살이
뛰어나와 지상을 들뜨게 한다

사람들은 온통 초록빛에 홀려
환호성 지르며 들로 산으로 달려간다

흙은 제 몸을 털고 깨어나
초록의 손길로 상처를 보듬는다

교목(校木)
— 은행나무에 부쳐

김요아킴

불모의 대지에 외람되이 몇십 그루의 은행나무로 타진되는 교정의 뿌리가, 비로소 잎을 틔웠다

손목만 한 두께가 무색하리만치, 공룡이 멸종한 지층을 뚫고 희망의 질량은 매 수업마다 부채꼴로 다가왔다

스스로 흘린 땀들이, 고스란히 늦은 밤 자습 시간의 수액으로 달 눈썹에 걸쳐진 가지 끝에 찰싹 달라붙기도 했다

짙푸름에서 샛노랑으로 변하는 어름 그 사이사이로, 매몰찬 비바람이 불 때는 제법 스크럼을 짜기도 했다

하지만 더 자라야 할 당위와 단지 있기만 해도 될 엇박자에 밀리고 잘려 나간 무관심으로, 지금 운동장 한 귀퉁이에 유배를 당했다

호스피스 상태의 단 여섯 그루만이, 수직으로 추락하는 과실의 속 씨앗을 지켜내려 짙은 구린내를 피울 뿐이다

귀거래사(歸去來辭) 2

김용칠

회색 물결 콘크리트 세계 속 검은빛의 생명 잃은 아스팔트

학업 성취와 직장 쟁취 목적과 끊임없는 다툼 경쟁 합리화로
삶의 피폐 완성되는 도시 속 삶

겉은 화려하나, 속은 텅 비어가는 생(生)에 가족 친족 멀어지고
점점 일인 핵가족화된 우울한 삶과 병이 점점 깊어지는 가운데

연한 초록빛이 출렁이며 황금빛이 물들어 가는 들판으로

지인들과 벗이 되어 들판 일 나눔하며 대자연과 하나 된 삶

적송 숲속 불어오는 맑은 바람이 참나무와 다람쥐들,
진달래와 휘파람새, 산벚나무와 두견새가 어우러지는 그곳으로

나 이제 돌아가리

영국사 은행나무

김윤숭

백성이 모두 잘사는 나라
나라를 안녕하게 하는 절
천년 신령한 은행나무
천년 신령하다면
해마다 황금빛 은행을 쏟아내지 말고
신통히 황금알 맺힌 은행알 쏟아주면
그걸 주워 가난한 백성들
가멸차게 살아가게 해줄 텐데
만약에 그런 신통력 발휘하면
수많은 백성들 일은 안하고
일 년 내내 은행나무만 지키며
벌린 손안에 떨어지기만 기다리리
미리 내다본 영국사 은행나무
다른 평범한 은행나무처럼
황금빛 은행알만 쏟아주느니
은행잎도 은행알도 약가 높나니

나무로 살기

김윤현

음지 양지 따라 다가서지도 물러나지도 않기
가지와 잎이 다르게 생겼다고 남을 내치지 않기
주어 없는 문장처럼 가볍게 호흡하기
매일 매일의 변화를 눈에 띄지 않게 이어가기
바람이 불면 때를 놓치지 않고 스트레칭하기
구름이 다가오면 지나갈 때까지 모른 척하기
아무리 알아주는 이 없어도 뿌리는 드러내지 않기
어떤 일이 있어도 푸르름은 유지하기

절정(絶頂)

김윤환

섣달이라고 해가 지다니
그믐이라고 달이 지다니

새벽이라고 별이 지다니
가을이라고 낙엽이 지다니

해가 졌다고 꽃이 지다니
그 사랑을 이긴 적이 없는데

어머니, 그 꽃이 지다니
향기는 두고 그 별이 지다니

아무도 이기려 하지 않는데
때가 되면 스스로 지다니

습연(習沿)

김은령

저무는 빛 낭자한 속
색 바래지 않고 버티는 몇몇을
간택하듯 집어 왔다

지금 내 책상 유리판 밑에 나란히 줄지어 있는 동백꽃
나는 이쁘다가, 참으로 이쁘다가 움찔했다

붉음, 붉음

제 모든 생기를 빼앗기면서도
결코 본색은 놓치지 않으려는 결기를 보았기 때문이다
감금당한 존재의 참담을 보았기 때문이다

어느 생부터 따라붙은 것인가,

동백나무 아래 쪼그리고 앉아 꽃을 훔쳤던
내 두 손, 내 마음!

연실(蓮實)

　　　　　　　　　　김은아

진흙과 물, 햇살과 바람
번뇌의 물을 지나 허공을 건너
맑고 향기롭게 꽃을 피워냈다

기다렸다는 듯 가을 햇살 사이로
연밥으로 태어나 한 알 한 알 빼곡한
까만 씨앗이 슬며시 고개 내민다

지상에서 가장 견고한 열매로
제 몸에 상처를 입어야만 싹을 틔우고
천년 후에도 꽃을 피울 수 있다

억겁의 세월을 두꺼운 껍질 속에 갇혀
고독하게 있었기에
탐욕과 무지의 인간을 꾸짖을 수 있다

은행나무

김은옥

수억 년 전 내가 은행나무였을 때
수액이 차오르던 계절 쪽으로
채널을 돌린다
진눈깨비가 채널 안에 갇혀 있다
겨울을 보내는 통로에는
차원이 다른 삶의 무늬들이 지나가고
화석 속에 갇혔던 부챗살 무늬
내 유골들이 스쳐간다
은행나무로 살았던 하늘이
살같이 흐르고 있다
피붙이도 없이 캄캄하게 죽어가는 꿈속에서
심지까지 젖어버린 채널을 돌렸을 때
달빛을 통과하는 굴절의 세계가
새롭게 열리고 계절이 빠르게 바뀌고
어둠 속에서 은행꽃이 핀다
그리움이 꽃눈처럼 날린다
들판이었다가 숲이었다가
수줍은 연두로 물결치다가

노고단의 아침

김인호

천왕봉에서 반야봉으로
만복대 너머 덕유가야까지
구례읍 너머 백아무등으로
왕시루봉 내려 섬진강 남해까지
사방팔방 번지는 아침 빛

어리석은 이도 머물면 지혜로워진다는 지리산
저 구름과 빛이 그려내는 아침 풍경을 모시러
새벽길 걷는 구도자의 길

허락하는 동안
이 길을 묵묵히 걸으리라

천태산 은행나무

김임백

천태산 골짜기 바람 스미면
그대는 묵묵히 세월을 빚는다

황금빛 옷자락 흩날려
가을 하늘에 노래를 새기고
아득한 기억은 메아리로 번진다

떨어진 잎 흙으로 돌아가
새싹의 숨결로 오르고
끝과 시작은 서로를 품는다

시간을 삼킨 침묵 속에서
허공을 버티는 마음 하나
천태산 은행나무여
수많은 발걸음 받아내며
천년 세월 담은 하늘빛 그늘이네

그 자리

김재수

봄부터 여름 내내
기다렸다
긴 의자에 네 자리 남겨 놓고

벚꽃 피기 전 올 거라고 했는데
5월 장미가 피었다 지고
6월 뻐꾸기 소리 산을 넘는데

오늘도 푸른 바람만 가득한
그 자리

들꽃 하나 놓고 간다
행여 몰래 다녀갈까

임계 온도 1.5c

김재우

지구의 체온이 산업혁명 후 1.55도 올랐다
녹고 있는 빙하 조각을 타고
북극곰이 피난 길에 오르고
태풍 극한 호우 혹서 혹한 폭설 산불
사계는 풀어지고 예측할 수 없다
건습 진동, 기후 채찍질이 시작되었다
고래들이 해변으로 밀려와 죽고
날던 새가 떨어져 죽는다
꿀벌들도 어디론가 떠났다
클났다, 클났어! whiplash!
목덜미를 눌러라! whiplash!
지구의 이마에 엄마 손을 얹혀라, whiplash!
얼음 수건을 올려라, whiplash!
아니야, 달로, 화성으로 도망가 텐트를 치자
아니야, 모든 문명의 코드를 뽑아버리고
구석기 검은 모루 동굴로
전곡리 움막으로 피신하자

나뭇잎 가면(假面)

김정례

모후산 언덕길 쉬어가던 참
백합나무 커다란 잎 한 장
살살 구멍 내어 만든
나뭇잎 가면(假面)

내 손길마다 조마조마 눈빛으로
같이 만들던 아이 얼굴에
포옥 덮어 주었다

따박따박 구멍 눈으로
산길 짚어 내려오더니
"나, 이거 계…속 갖고 있을 거다!"
큰소리 남겨두고 뛰어갔던 아이는
기억 어디쯤
그날을 남겨두었으려나

모과

김종윤

밭이랑 더듬더듬
무씨를 놓는 허리 굽은 부부였네

여름내 큰 하천이
쓰러지기를 반복하고
가을 무밭에 찍히는 노파의 홑 발자국

입동의 저문 밭둑엔
젊은 날의 돌주먹처럼 온몸을 틀어쥔 모과 몇 알

너는
무엇을 비추기 위해 반짝이는 어둠이냐

길

김창제

꽃과 꽃 사이는 나비의 길
나무와 나무 사이는 새의 길
별과 별 사이는 꿈의 길

문을 열면 모든 길이 시작된다

소나기 오는 날

김충경

텃밭에서 일하다
소나기를 만나 후드득
집안으로 뛰어들었다

새들이 한순간 허공을 갈랐다
지진이나 난 것처럼
그러자 지구 자전축이 기우뚱했다

새들의 긴 꼬리 궤적을 따라
하늘의 안색이 잿빛으로 변했다

새들이 하늘에 걸린 '파랑'을 물고
모두, 어디로 간 것일까

소소소, 쏴쏴쏴, 우르르…… 쾅!

비 그치자 먼 데 숲이
왁자지껄 푸르러졌다

소금강

김파란

우울한 마음에 오늘도
눈물의 집에 들렀습니다
눈물의 집에서
눈물 한 트럭
쏟아내고 나면 그리움이
씻겨 없어질 줄 알았는데
그렇지 않았습니다
쏟아낸 눈물들이
되려 한데 모여
강이 되었습니다
냇물이 차오르더니
큰 강줄기가 되더니
그리워 못 참겠다더니
그대를 만나러
그대에게로
막 흘러가 버렸습니다

호박

김한중

호박 한 덩이,
대청마루에 침묵으로 앉아 있다

겨울 햇살 머금은
호박을 들어 보니 밑동이 물컹하다

그 흔적을 지우기 위해
아지랑이를 피워 올려
늦은 가을비가 되기까지
둥근 등을 밟고 살아와서
끝내 종자까지 썩은 몸

호박을 들어 올리자
아버지의 녹아 버린 창새기가 따라 올라왔다

대청마루에 앉아
맑은 바람에 쏠려 씨앗을 쏟아내고 있다

은행나무

김향란

햇살이 부서지는 자리마다
노란 은행잎이 물결처럼 번진다

바람이 은행잎을 흔들어 놓는다
잎잎의 잠들어 있는 햇살이
내 손끝에서 깨어난다

나는 천천히 걸으며
내 안의 오래된 목소리를 듣는다

한 잎 두 잎 떨어질 때마다
잊은 줄 알았던 얼굴들이
노랗게 웃고 있다

나무로 회귀(回歸)

김현주

산을 오를 때마다 나무를 안는다
나무가 나를 안는다
꽃으로 태어나는 것보다 아주 큰 나무가 되는
꿈을 꾸는 것은 큰 욕심일까?

무성하게 자란 푸른 잎사귀에 햇살을 앉히는 일
바람과 밀담하는 일
새들의 소풍 길
의자가 된 나무도 쉬고 젊은 나무도 쉬는
넓고 넓은 그늘을 출렁이며 사람들과 가까이 있을 것
빌딩 숲보다는 나무의 세상으로 도심을 채우는 일

경쾌한 아침도 묵직한 오후에도
흉터를 어루만지며 상처를 치유하는
크나큰 피로를 녹여주며 곁을 내주는 일

모두가 나무를 심고 새잎을 키우는
내부의 안부가 환해서 초록이 빛나는 것을 보는
평화가 찬란하고 희망이 울창한 풍경이 되고 싶다

은행나무

김형숙

묵묵히 서서
천년의 세월

바람의 노래에
춤추며 흩날리는 노란 음표

제 둥치를 덮고
다독이며 부르는
황금빛 자장가

나도
그 아래 까무룩 잠에 든다

날개 펴는 소리 듣습니다

김혜숙

어느 날은
독한 질량보다 더 무거운
삶을 내던지며 살다가도
그 무게가
당신 어깨에 내려앉아
살아가는 법을
차근차근 가르쳐 놓는다는 것

꿋꿋이 버틴
끈기의 시간은
백년을 못 이기고도
천년을 이끌어낸다던 말씀

꾹 참아 내다보면
한때는 청춘이었다가
한때는 노랗게 피어난 용기 하나
세상을 환하게 밝혀주더라
그 말씀,
당신의 경전을 나는 듣습니다

한 번 더 날개를 펴 세상을 덮으면
그걸로 한동안은 위안 삼고 살아갈 수 있다 하니

또 다름이 무엇인지
버티다 보면 알게 될 것 같습니다

각자의 징검다리

김효선

데인 자리가 아물지도 않았는데
모서리를 돌아서다 벽에
팔이 스쳤다
어제 뿌린 반질한 슬픔이
쥐똥나무 위로 쏟아진다
소용돌이치며 부풀어 오른다

떨어진 노을이 집어삼킨 안부
묻기도 전에 안녕하지 않다는

지워도
지워도
지워지지 않는
쭈글쭈글한 문장 하나

팔 전체가 화끈거린다

키세스의 기도

나문석

많은 것을 바라지 않았습니다

그저 초콜릿 같은
달콤쌉싸름한 세상을 꿈꾸었지요

 그러나 지금 우리는
 차가운 거리로 내몰려
 눈보라 속에서
 묻습니다

이 탁한 세상 구원하러, 당신은
언제 오실 건가요

천년 은행나무 가라사대

나석중

…그래도 그렇지
천년을 산 나도 죽고 싶지 않은데 겨우 백 살을 살까 말까 한 그대들이 죽고 싶다는 말 웬 말인가?!

해마다 가마니로 거두는 요 예쁜 것들을 보며 죽고 싶다는 말이 나오나?!

저기들 보시오
살겠다고 산을 넘어가는 저 철새 무리는 한 달 동안 적도를 넘어 16,000km나 날아간다네, 하물며?!

풀꽃

나숙자

보면 볼수록 작고 또렷한 얼굴

언제나 웃고 있다

오다가다 길섶 어디서나 만나는 그대

참으로 예쁘다

자세히 보면 더 어여쁘다

꽃의 여행

나종영

돌아오는 꿈을 안고
길을 떠나네
무엇을 얻기 위해서가 아니라
내 몸 안에 모든 것을 비우기 위해
먼 길을 떠나네

꽃이 피는 날 눈시울 붉었던 것처럼
꽃이 지는 날 눈물이 났네
함께 울었네
멀리 있는 사랑과 함께
그리운 것들은 내 생의 뒤란에 있고
기다리는 것들은
물가 나무에 기대어 홀로 서 있네

다시 돌아오는 꿈을 위해
길을 떠나네
꽃이 피는 날 떠나간 사람
꽃이 지는 날에도 오지를 않네
내 안에 모든 것을 지우기 위해

꽃은 절정(絶頂)에서 피고
꽃은 절명(絶命)으로 지네

축하

나태주

하늘을 안아주고
땅을 안아주고
그 남은 힘으로
너까지 안아주고 싶다

다솔사 숲길

나호열

늦은 겨울인가 이른 봄인가
따뜻한 듯 싸늘하고 추운 듯 포근한데
완강한 벽으로 밀려오는 바람 속에
홑겹의 한 사내 휘청거린다
오래 걸어 발걸음 무거워도 멈출 수 없다
쓰러져 누우면 죽는다
막차를 놓쳤으나 첫차를 기다리는 오기로
아침 해가 떠오를 때까지
그렇게 나무는 세월을 걸어가고 있는 것이다

정월 대보름

남명숙

엄마의 젖가슴 위로

달이 차오르면

주름진 손끝에서 피어나는

오곡밥에 아홉 가지 나물꽃

구부러진 세월 따라가는

엄마의 향기

안녕, 메리골드

남정자

보도블록 틈 사이
고개를 내밀고 있는 네 모습

활짝 핀 지난여름 기억하고 있어
요란한 기계 소리와
발자국들에 밟히고 꺾어져도
뿌리내린 너

어떤 이는 이렇게 말했지
꽃이 필 때면
너를 심고 떠난 이를 떠올릴 거라고

당부할게
내가 떠나도 활짝 피어 주렴
가뭄과 폭염에도
황금빛 꽃망울로

안녕, 메리골드

게릴라

남태식

한밤중 물 폭탄을 터뜨리는 게릴라는 시인의 전매특허인 야행성 폭우다 저 게릴라는 언제 시인을 훔쳤나 내비치는 이변이 적나라하다 그로기 상태의 게릴라는 이제 비틀거리며 돌연찮은 돌연변이의 생산에 박차를 가하나

서 있는 새

남효선

새가 물고 다니는 것은
새가 날아온 흔적이다
새는
자신의 깃털 속에
날아온 흔적을 가득 담아
한 점 한 점 정교하게
뿌린다
새는
앞으로 나아가지 않는다
자신이 물고 온 흔적 앞에
서 있다
새는
날아온 흔적이 지워지면
깃털을 접는다
요동 없이 서 있다

백구 한 마리
서 있는 새를 물끄러미
쳐다본다

마지막 흔적 툭
떨어진다

앉을 자리 없는 전철을 타다
— 無座席乘電鐵(무좌석승전철)

노명연

부스럭 짐 챙기는 중년, 일어날 가능성 1위
자다 졸다 창밖 보는 청년, 내릴 가능성 2위
아하 우리나라 가임기가 늘고 있구나
임산부 배려석에 앉은 백발의 꽃 한 송이

오호 우리나라 가임자가 불어났구나
참지 못해 이미 구겨 앉은 숫곰 한 마리
기쁘지 아니한가 인구 절벽 벗어나겠네
모두가 한마음이니 인구 앞날 번성하겠네

動備中年可能一(동비중년가능일) 睡覘青年可能二(수유청년가능이)
嗚呼可姙期延脹(오호가임기연창) 配慮席坐白花羣(배려석좌백화이)
嗟呼可姙雌多樣(차호가임자다양) 此不忍坐雄熊已(차불인좌웅웅이)
歡喜脫人口絶壁(환희탈인구절벽) 凡協人口未來繭(범협인구미래이)

별

도종환

도시 하늘에 별이 지워지고 있는 걸
내가 눈여겨보지 않으면

먼지 속에서 내 영혼이 지워지고 있는 걸
별들도 눈여겨보지 않으리라

갈매기

류인수

이제 깃을 접고
네 생각도 접는다
그리움 사무칠 때마다
높이 날아 삭였던 젊음
깃 하나
바람의 파도 헤집다
출렁이며 머문다

작아지는 것들의 혀

마선숙

어느 날
그가 나의 여자 양말을 신었다

발이 어린아이처럼 쪼그라들어
더 이상 남자가 아니라면서

뇌 한쪽 흘러내리더니 척추가 금 가고
보고 듣는 것도 반 토막이라며

덜컹덜컹 무릎 사이로 삶이 빠져나가도
육신의 통증만은 몸집을 불린다고 한탄한다

시간을 잃고 속도가 사라지면
가족의 연보와 사회적 통계에서도 누락되겠지

그를 채점하던 날도 있었지만
작아진 굽은 등이 먹먹하다

서로가 기다리지 않아도 되는 멈춤

작아진 것들이 툭 끊겨
지상의 책을 덮으면
세상의 혀들은 바람이 될까

세금 내던 날이 그리워도

더 이상 혀를 움직이지 못하리

나무야

문 영

변하면서 변하지 않는 게
바다인 줄만 알았다
변하지 않으면서 변하는 게
바다뿐인 줄만 알았다
미안하다
세상의 시작이고 끝인 나무야
너도 그렇다

목숨의 끝이 사랑의 시작이라면
나무야, 너 아니겠느냐
미안하고 고맙다
나무야!

애호박

문정석

뒤영벌 놀던 자리에
파란 햇살 물고 있는 애호박

까슬한 이파리 아래서
엉덩이 까고 놀다 엄마한테 붙들렸네

자글자글 끓는
된장찌개의 부드러운 속맛

울퉁불퉁한 정이
두리기상에 꽃을 피워 올리고

어스름한 하늘에 얼굴 내미는 별 따라
호박꽃은 또 피겠지

천년의 숨결

문철호

땅속 깊은 비밀 하나
천년을 품은 검은 맥박
가을바람은 조용히
잎새 위에 별빛을 흩뿌리네

말 없는 시간의 손끝이
귓가에 스며들고
깊은 뿌리 밑 어둠 속
숨결은 오래된 꿈을 잇는다

흐릿한 기억의 그림자
겹겹이 쌓이고
낮과 밤 사이 흔들리는
황금빛 그림자가 춤을 추네

무게 없는 고요 속에서
전설이 발끝에 닿고
묵묵한 잎새 끝마다
영원은 아직 꿈꾸고 있네

산천은 바쁘다

문학철

자장암 마애불상은 내려놓으라, 비우라는데
영축산은
밤새 품은 푸른 바다 내려놓지 못했나 보다
동해 물빛을
머리맡에 펼쳐두고
초록 산마루를 감는다

큰절 스님은 내려놓으라, 비우라는데,
절 아래 농부는
여러 날 밤 물을 대어
깊은 하늘,
흐르는 구름, 낮달도 넉넉히 담는다
하늘을 불러내려
구름 속 깊이 초록 구멍을 뚫어 모를 낸다

어리석은 늙은이 마음공부에 허둥대고
산천은
지운 꽃자리마다 열매 놓기에 바쁘다

풀에게

문효치

시멘트 계단 틈새에
풀 한 포기 자라고 있다
영양실조의 작은 풀대엔
그러나 고운 목숨 하나 맺혀 살랑거린다
비좁은 어둠 속으로 간신히 뿌리를 뻗어
연약한 몸 지탱하고 세우는데
가끔 무심한 구두 끝이 밟고 지날 때마다
풀대는 한 번씩 소스라쳐 몸져눕는다
발소리는 왔다가 황급히 사라지는데
시멘트 바닥을 짚고서 일어서면서 그 뒷모습을 본다
그리 짧지 않은 하루해가 저물면
저 멀리에서 날아오는 별빛을 받아 숨결을 고르고
때로는 촉촉이 묻어오는 이슬에 몸을 씻는다
그 생애가 길지는 않을 테지만
그러나 고운 목숨 하나 말없이 살랑거린다

엄마 생각

민순혜

엄마는
문을 열면
이제 오냐, 소리가 들릴 것만 같아
살며시 현관문을 열어봅니다

텅 빈 복도가
오늘은 더 넓어 보입니다

가로수

박경임

한 해를 견디며 몸살 앓던
가로수는 잎사귀를 떨구며
마지막 토혈을 한다

자동차 매연에 참았던 울분은
붉거나 노랗게 물이들고
땅으로 떨어져 거친 숨을 삼킨다

그늘 아래 쉬어가던
사람들 그리워
마른 잎사귀에 바람을 담고
어딘가로 찾아서 뒹굴고 있다

폭염

박경조

담벼락 아래 머위잎

손바닥만 한 그늘까지

사정없이 태우고 있습니다

듬성듬성 남아 있는 그늘

거기,

지렁이 한 마리 소신공양 중입니다

무안역

박관서

짙푸른 어둠에 물든 밤
초당산 낮은 등허리로
구불구불 이어진 논둑길 따라
호드기 울음소리마저
둠벙 깊이 꼬리를 감춘 밤
노란색 역명등 더듬이로 켜든
산골 깊은 무안역 푸른 메모지 같은
유리창에 이마를 부비며
사랑한다 사랑한다 사랑한다
눈발처럼 몰려드는 하루살이들
치지직 치지직 제 몸을 태워
밤하늘 멀리 별빛으로 흘러가는
아픈 첫사랑의 간이역

생수

박구미

마른 땅을 기어가는
한 마리 지렁이

지나가는 사람 발에 밟혀
꼼짝 안 하더니
다시 꿈틀꿈틀 기어간다

나도 한때
저런 길을 갔었지

마시던 생수병 물을
길게 부어 주었다

영국사

박금리

살구나무 목탁 소리에
은행잎 서너 장씩 떨어져
극락길 가고 있다
은행잎 밟으며
고린 은행알 터트리며
너와 나, 극락길 가고 있다
야시 같은 여자,
곁에서 작은 은행수 되어
샛노란 화두 날리고
낙엽 떨구며 가을이 되고 있다
계곡 거스르는 목어 두 마리
살구나무 염불 소리 들으며
은행나무 숲 가로질러
고린 세상,
곧 흰 눈을 밟게 될 것이다

문공(蚊公)에게 배우다

박 돌

글을 깨친 문(蚊)은 모두가 혐오하는 미물이었기에
밤이면 글방에 나아가 이리 왈 저리 왈
들어 외고 더욱 깨우친지라

글 소리 쫓아 글공부 벗의 밤을 지새워 어울렸는데
벗님 졸을라 치면 화들짝 일침을 놓고
앵앵(嚶嚶) 격려하여 정진하기를

벗님 세상에 나아가 금제하여 호의호식하였으나
미천한 문(蚊)은 벗으로부터 공(公)이라 이름 얻었으나
가르침의 끝은 허탈한지라 만족지 못하네

문(蚊) 또한 갓을 쓰고 싶었는지라
밤이면 더욱 글방을 찾아다니며 학식을 더하라
나태한 졸음 깨물어 혈침(血忱) 놓기를

사람들아
앵앵(嚶嚶) 가르침을 하였다네

앤트밀(antmil) 현상

박명헌

안개 낀 새벽녘
그리움이 훌쩍 다가온다
건널 수 없을 것 같은
삶의 끝자락을 건넜나 싶었는데
그림자처럼 곁을 맴돈다

폭우 속에
항로를 잃은 배처럼 허우적거리다
가슴속에 하얀 폭포를 만들고
눈앞에 흰 나비가 나풀거린다

제자리를 맴도는 개미 떼처럼
언제나 그 자리에 선 듯
삶의 이정표도
파도처럼 부서지고
쇠 말뚝처럼 자리 잡은 너!

맴섬

박상봉(대구)

맴섬 앞에서 한 시간 남짓 기다렸네

해는 뜨지 않고 발만 동동 구르다 왔어

우리 다시 맴섬에서 만날 수 있을까

연인이 되기 위해선 두 섬 사이에 해가 떠야 한다

연인이 된다는 건

섬과 섬 사이에 다리를 놓는 일

너와 나 사이에 해가 뜨는 일

달빛 소나타

박상봉(화성)

호수 위로 스며드는 달빛
은가루처럼 가만히 흩날려
물결 하나하나에 고운 숨을 심는다

바람은 멀리서 발끝으로 다가와
살며시 빛의 결을 흔들고
파문처럼 번져가는 울림

별들도 소리 없이 내려와
물의 살갗을 간지럽히자
남실남실 어깨춤을 추는 호수

밤은 소리를 삼키지만
바람은 숨을 재우고,

호수는 악보가 되어
달빛을 노래한다

인연

박상조

오래전 내 안의 죽은 부처를 찾아
천년고찰 영국사로 드는 길

산문을 오르던 중 온몸이 덩굴손에 감긴 채
검게 말라가는 한 그루 고사를 본다

도대체 어떤 인연이 저처럼 지독했을까

깊어진다는 건 서로가 서로의 마음 위로
무거운 짐을 하나씩 더 올려놓는 일

첩첩산중 타관의 신세까지
말없이 품고 사는 저 산사의 풍경처럼
서로가 그저
적막하지 않을 만큼만 딱,

땡그랑땡그랑 부재를 물어오는

그러다 폭풍이 석등을 훅 불고 지나면
또 언제 그랬냐는 듯 허공의 중심이 땡그랑땡그랑

벌써 수백 년 전부터 부처를 만나러 왔다는
한 그루 은행나무 보살께서도

아직도 공양만 한 짐을 풀어놓은 채

저기에 저러고 서 계신다는데

나이 숟가락

박상진

한 해,
가고 오는 것은 제 마음
뭐라 할 수 없지만
먹고 싶었던 어린 시절
멀뚱멀뚱 외면하더니

손 짚고 일어설 만큼
배부른 줄 뻔히 알면서
왜 자꾸 억지로 먹이려는지

입맛 당기던 동지팥죽
일부러 마다하고
삯 주고 검버섯도 없앴는데
이거 참 야단났네
막무가내 들이대는 나이 숟가락

벽이 온다

박설희

밧줄에 의지해 암벽 하나를 간신히 넘어왔는데
또 밧줄이 드리워져 있다

얼마나 가야 하지
얼마나 버틸 수 있을까
벽이 온다
한 손 한 손 되짚어 내려간다
내려갈 힘은 아직 남아 있다고 생각되었을 때

절벽에 서 있는 소나무, 꺾는 각도가 절묘하다
공중을 더듬으며 길 찾는 목숨들
낭떠러지를 품고 산다
끝이라는 것은
새로운 방식으로 밀어붙여야 한다는 것
씨앗을 잉태하는 것도 그 이유

절벽에 나무들이 자라고 있다
나무마다 절벽이 있다
빛의 화살은 길고 짧아서
목마르게 휘어지는 행로

파르르 떨던 나뭇가지 하나가
방금, 방향을 조금 틀었다

목마른 벽골제

박소름

12명의 시인들이 상현달을 몰고
김제 벽골제로 문학기행을 다녀왔다
제방 아래로 물이 가득 차 있을 거라는
기대를 안고 왔지만
보릿고개를 넘기느라 그런가
바닥까지 메말라 있다
터를 지키는 용 두 마리만
벽골제의 물을 다 마셔버린 채 승천할 기세다
밤새 소주로 기우제를 지내면 비가 오려나?
창문 밖 청개구리만 메마른 가슴으로
한없이 울고 있다

소망

박순옥

어릴 적 내 꿈은
동서남북 어디에도 보이지 않았다
이리 기웃 저리 기웃
흔들리던 눈동자

어느 마음인지
어느 시간인지
이팔청춘에서 우는지
사팔청춘에서 춤추는지
분명 내 작은 몸뚱어리
맴돌고 감싸고 있을 텐데

나이 70이 넘어도
보이는 것보다 보이지 않는 것들이
더 많은 내 인생,
나는 아직
내 꿈을 만난 적이 없다

수색

박우담

사흘째, 하늘은 젖은 숨을 토해냈다
비는 멈춤을 잊고, 도로는 그의 마지막
발자국 위로 천천히 문을 닫았다
구석마다 울림을 삼킨 채
돌아오지 못할 풍경들이 벽처럼 서 있었고,
차들은 등을 돌린 채
슬픔을 운반하는 조형물처럼 굳어 있었다
창밖은 번져가는 어둠의 얼굴,
흐려진 후미등은 떠나는 마음처럼 흔들렸다
재난 경보는 귀 안에서 고여 있었고,
아무것도, 누구도
그의 자리를 붙잡지 못했다
천둥은 오래된 기억을 부수는 손,
번개는 떠난 이의 눈꺼풀 아래 감춰둔
눈물이었다
그 모든 흐름 속에서 나는 묻는다
이 질식 같은 상실의 심연에서도
사랑은, 아직 도달할 수 있을까

여름밤

박운식

어느 해 여름밤
멍석을 마당에 펴고 누워 있으면
수많은 별들의 애기들이 쏟아져 내리고
수많은 풀벌레 노랫소리도
땅속 지렁이의 노래도 찌르륵 찌르륵 들려오고
그 속에 잠이 들은 나의 꿈이 둥둥
어디론가 떠다니던
어렸을 적 어느 여름밤이 문득문득 떠올라
나도 모르게 배고프던 그 시절
지금 밖에는 함박눈이 펄펄 내리는데
쌀가루 같은 눈이 마당 가득 쌓여지고
한여름 밤의 꿈을 떠올리다니

눈물

박원희

맑은 날
눈물을 흘리고
웃는다
무지개가
눈에 보이고
찬란한 색
그리고 다시
울어 보아라
슬픔이 없어지도록
울어 보아라
내 눈의
반짝이는 보석이
눈물겨운
감춰 두었던
소망이
반짝이고 있을 테니

동래, 내 고향

박윤자

뭉게구름 온천천 신명 나는 한마당
마음 모아모아 줄 당기던 사람, 사람들
휘모는 비둘기 군무, 휘몰아치는 에코에코
열창에 빨려드는 버스킹 난장 뒤집는다
소슬바람 립싱크로 금정산 정기를
새끼 키우기 좋은 물오리 가족 정겨운 시냇물
열창에 빨려드는 관중들
휘날리는 연분홍 꽃잎 물 위에 흘러간다
백로와 백로 사이 백년해로 문제없다
물 위로 솟구치는 숭어 떼들 코러스
날아라 웃음꽃 봄, 여름, 가을, 겨울
높푸른 금정산하 변함없는 인정들
바람결에 쏠리는 인사말 주고받아
우아하게 늙어가는 오늘도, 내일도
뒤돌아보면 가족, 부모, 동기, 동창
내 눈에 어른거리는 그리운 얼굴들

첫 고백

박은선

문득 다가선 너
갈맷빛 휘감아 들고
성숙한 지혜와 희망의 파장
달빛마저 가슴 뛰게 달궈버린 잎새들

성큼 다가선 너
영롱한 발자국마다
새벽 찬 이슬로 맺혀
천태산 일출로 떠오르고

고백할까, 머뭇거리는 순간
냉큼 스러지는 무심한 너
앙가슴 샛노랗게 물들이고 시침 뚝
망설임 없이 불타올라 바스락대는 심정
세월의 기품만 더해놓고 날아가려 하네

아, 안타까워라
말 한마디 꺼내기 전에
갈바람 순삭 휘몰아오는 계절
내 마음만 남기고
안녕
만추(晚秋)

평가시스템

박재학

상자 안에 나는 없었다
바닥에서 시작된 무게가
천천히, 그러나 분명히 목을 조였다

위쪽은 햇빛처럼 환했지만
아래는 침묵 속에 뒤틀린다
보이지 않는 울음이
모서리를 돌아 분노로 기운다

몸의 길이, 마음의 넓이, 가능성의 높이
익숙한 눈금이 삶을 나누고
이마에 점수가 찍힌다

누군가는 남아 있고
누군가는 탈락을 기다린다
죽음조차 순서대로 배정되는 이곳에서
오늘도, 나는 점수를 따러 간다

지룡지몽(地龍之夢)

박정애

거센 빗줄기에 차단기가 보초를 서는 밤
나는 한 마리 지룡이 되어
천변으로 기어간다

눈이 없으니 면책이 부여되고
귀가 없으니 질책을 듣지 않아도 돼

항문의 살성이 전부인 알몸을 훤히 드러내고
바닥에서 꿈틀거리는

퇴화가 용기라고 중얼거리면서도

거센 빗줄기를 피하지 못하는 레인부츠를 신고
서류 가방이 젖지 않도록 우산을 기울인다

보초병이 돌아간 산책로에는
불볕더위가 쏟아지고

굽 높은 샌들을 신고 양산을 펼쳐 든 나는
침묵 속에

오리가 치러주는 장례식을 바라보며 걷는다

이름엔 니스칠

박종환

나뭇가지 팽팽한 오후

개 한 마리, 가로수 밑을 지나며
킁킁거린다

구상나무의 이름은 기념 식수다
소나무가 심어졌고 밑동 앞에 돌판이 놓였다
소나무의 이름도 기념 식수다

예식용 장갑을 낀 사람들이
허공을 파헤치면
이름 단 나무가 해마다 생겼다

기관장들은 니스칠처럼 반짝이다
해가 바뀔 때마다 떠났다

잿빛 돌판만이
기념일 숫자와 이름을 붙잡고 있었다

그들과는 상관없이 장미는
오월이 되면
철망 담장을 빨갛게 물들였다

나무 연대기

박진형

내 몸에 난 옹이는 뱉어낸 입말 탓

좋은 말 나쁜 말에 이상한 말 어긋나

제대로 말할 때까지 자라나는 옹두리

입동(立冬)의 나무

박찬희

고라니가 목축이고 간 천변의 굽은 길을 걸어서
한 계절의 미심쩍은 종장에 이르면
줄줄이 빈손 내밀고 선 나무들
탈탈 털어 다 내주고 벗은 몸이 되어서
이력도 그저 가벼운 줄만 알았다
날 선 추풍이 수족을 벨 때
갈가리 찢긴 그림자로라도 제 새끼들 감싸주는 입동의 나무들
수십 번을 허기지며 반복했을 내려놓음
저음의 바닥은 가청 밖이어도 선이 굵다
함부로 밟을 수 없어서 가만가만 헤쳐 딛는다
저만큼 내려놓기 위해 나무는 무수히 제 살을 텄을 것인데
품 밖이 좋다고 제금 나 떠나는 새끼들이
속도 모르고 깔깔댈 때
묵직이 서서 계절의 종반부를 연주하는 콘트라베이스
천방지축 낙엽 구르는 길을 짚어가다 보면
짙은 갈색으로 타는 간계절의 냄새
모두 들떠 호들갑이어도 저는 색깔을 다 뺀 담백함
어쩌자고 저리 속절없이 속이 깊은지

봄, 한석리

박천호

대문 앞에서
반갑다고 꼬리 흔드는
검둥아, 안녕!

담장 너머로
환한 꽃망울 피운
노란 개나리야, 안녕!

넓은 마당에서
저 혼자 펄럭이는
빨간 양말아, 안녕!

이럴 때
할머니라도 계시면
덜 심심할 텐데

동네 골목길
나만 졸졸 따라오는
그림자야, 너도 안녕!

철근쟁이의 시(詩)

박철영

물려받은 가난은 진창처럼 엉겨
떨어져 나갈 날이 없었다
세상의 구석을 떠돌다가
철근쟁이가 되어서는
반듯한 허리 꺾어가며
스스로 벽이 되거나 모서리가 되어
살아온 마흔 살을 지나
눈이 오거나 비가 오거나
허리를 구부려야 들어서는 단칸방
공친 날에는
욱신거리는 제목들을 내용 삼은
시 한 편이 떠오르기도 하는데
발목 언저리에서부터 시작된 통증이 심해져
첫 구절부터 종종은
하루가 위태롭게 휘청거렸다

그리움

박향숙

완연한 가을 햇살
갈바람 불어오니
창밖을 내다보네

주인이 머문 자리
노란 국화 향 슬피 우니
바람 그림자만이 어루만지네

늙은 은행나무의 염원

박희우

천태산 은행나무
그 계급은 천연기념물
천년을 살아온
웅장한 그 자태 멋지다

한여름 푸른 잎은
영국사 귀한 발걸음 품어주고
간절한 이야기도
다 들어준다

날마다 들어준 사연
노랑 잎에 적어
가을 되면 갈바람에 날려
천태산에 뿌릴 때

영국사 목탁 소리
스님의 염불 소리
구릿한 향과 함께
천태산을 감돈다

천태산 은행나무의 묵언

배명식

나는 천년을 바라보진 않지만
묵묵히 하루하루를 버티며 살지
때론 비바람 눈보라를 맞지만
내가 여전히 살아 있고
살아 있음으로 더 바랄 것은 없어

천태산을 찾아오는 이들에게 세미한 소리로 말하지
세상의 소식은 늘 사납고 서글퍼도
나는 산중에 갇혀 쉼 없이 늙어가지만
귀 여는 자만이 후회 없는 묵언을 알아듣고 깨닫지

사람들아, 나를 보고 눈짓만 하지 말고
가까이 와서 두 팔 벌려 안든지 등 대고 속삭여다오
얼마나 오래 사는 것이 중요하지 않고
얼마나 올곧게 살아가느냐가 중요하지

여기 오기까지 산기슭에 꽂혀 수런대는 나무들,
흐르는 산개울, 이끼 낀 바위들과 말해보았는가
그대가 지닌 삶의 짐, 아프고 아픈 사연
나를 만드신 이는 해 지고
달이 뜰 때까지 졸지 않고 귀 기울이시지

깃털

배영춘

바람에 실려 춤추듯
허공을 맴도는 아지랑이 봐
부서지는 햇볕의 결마다
자세가 스며 있어
내 마음속에 아물거린다

아마 눈물 위에
잠시 쉬어갔을지도 모를
슬픔 끝에서 온 듯 싶기도 할
가냘픈 춤사위 아닐까

조심스레 손바닥에 담아보니
가벼움 속에서
이상하게 따뜻함의 무게를 느낀다

그 여유로움을
조용한 마음의 서랍에 넣어
그리움이 치밀 때마다
좀씩 꺼내서 보고 싶네

못다 한 일들

백성일

석양에 올라탄 삶의 가치를
찾기 위함도
노란 은행잎에 취하여
조급함 이기지 못해
허우적거리며
모든 생각들이 허구라면
억울할 것이다
바람이 실어 나르는 낙엽
발아래 모여들며
하나둘 멀어져가는
푸른 시절의 추억 속에
못다 한 일들이 산적하다
이제 삼수갑산 가더라도
가슴에 묻어온 노란 은행잎들
시(詩)가 되어 날아갈 것이다

꽃이 있는 곳은 어디든 위기다

백승보

탐스러운 꽃을 꺾어 슬쩍 가방에 넣는다
어차피 시들 건데,
화려한 꽃에 내 손이 가는 건 내 탓이 아니다

감추어 봤자 꽃은 자꾸 삐져나오고
눈은 연신 주위를 살피고
몸은 안절부절못해진다

꽃은 제자리를 찾아가려고 두리번거리고
뒤돌아보며 붉은 꽃을 더 탐하는
내가 아닌 또 다른 나를 본다

엘리베이터 앞에서 갑자기 찾아온 연인
그녀도 함부로 꺾을 수 없는 꽃인데

숨긴 꽃과 움직이는 꽃에 대한
눈 먼 감정이
빠져나올 수 없는 함수가 된다

어디든 꽃이 있는 곳은 위기다

그대 그리고 나

백일석

내려놓으세요
살다 보면 쌓이는 생의 육심꾸러미
고뇌의 가루가 되기 전에
덩어리째 내려놓으세요
실한 은행나무의 은행이 모두 익을까요?
은행들도 자리싸움 하겠지요
불만도 터져 나오겠지요
쪼그라들고 떨어지는 은행도 있겠지요
어미의 사랑이 부족하다고 토라지지 말아요
감당할 수 없는 반칙과 변수가 너무 많아요
상처가 아물기도 전에 울고 있는 시간이
밉기는 하지만 익숙해져야 해요
내가 벌과 나비가 되어 줄게요
옷깃만 스쳐도 인연의 향기로 가득 찬
설렘을 맛보게 해줄게요
그대 이제 그만 울어요

안부

백지은

　어딘가에 있을 것 같다는 헛된 생각이 사문진 강까지 흘러들어 백 대의 피아노를 두드린다

　풀벌레들이 제 몸을 두드리는 눅눅한 불빛 아래 그의 헛된 뒷모습이 어른거린다

　창가에 앉아 흐르는 강물에게 묻는다 헛된 바람이 백 대의 피아노를 두드리는 먼 훗날의 안부를

화끈함을 무시하지 마라

변창렬

살면서 한 번쯤은 지쳐봐야 해
씨앗을 알지
꽃들이 즐기고 남긴 찌꺼기야

벌이 와서 화끈하게 놀지 않았다면
꽃들은 삐져서
씨앗 품을 집을 놓지고 말았을 걸

익어 가는 철부지
가을아
땡감도 화끈하게 떫도록 살아 봤거든

지는 해도
저쪽에서 더 화끈하게 빛날 거야

못 믿을

서범석

낳아주고 키워줬지만

몸살 앓는 숲의 재채기
영상 40도 아니면 영하 40도라
죽음이 코앞이다

바다는 더 이상 태풍을 잠재우지 않는다
우리가 불러온 공포의 아가리

땅은, 흔들고 갈라지면서
목숨을 끌고 가 처박기도 한다

스스로 잠잠히 그렇게 있다고
좋아하고 까불면 안 된다
깨어 있어야 한다

언제나 어디서나 영원한 내 편은 없다

천년의 이야기

서봉순

천태산 은행나무 앞에 서면
귓가를 스치는 바람의 안부
이제 곧 천년의 이야기 들려오겠네

하늘은 어땠는지
구름은 그때도 저리 말없이 흘렀는지
사람들은 얼마나 다정했는지

햇살도 천년 고이 품었다
금빛 잎새 어루고 어루어 다시, 천년
허공을 물들이는 은행나무 이야기

따끈한 아침

서영숙

아직은 반쪽마저 비우지 못한 달이
나뭇가지 위에 앉아 내려다보는 아침

ㅅ자, ㄱ자 새 떼들이 하룻길을
열어가고 있다

우리 집 어린 거위들이
몸살의 성장통을 앓는지
날개를 푸들거리자

쌀쌀한 공기가 식탁 앞에 자리를 잡곤
눈치도 모르고 아침을 몰아넣는다

이제 텁텁한 입안을 헹구고 나면
따끈한 아침이 부풀어 오르리라

망설이는 일

서지희

끝끝내
천 번을 망설이는 일

사랑한다
한마디 하지를 못해

노란 잎들만
바래지도록

사무치도록
살랑인다

노을이 물들 때 난 동쪽에 있었다

섬 동

서쪽에 어둠의 다비식이 있으면
동쪽에 있는 나는 태어나는 숨이다

그래서 식어도 붉은, 노을을 보면
그토록 다시 살고 싶었나 보다

영국사 은행나무처럼,

달맞이꽃

성낙수

멍청한 세월이었으면 얼마나 좋을까

속상해 하는 바람 외면해 핀잔받아

혼자 버럭 떼써도 안 되어 그저 폼 잡아

눈치 보아 사나 멋대로 사나 그게 그것으로

익숙한 달빛의 몸짓에 반해 어색해하고

속상해하는 바람 외면해 핀잔받아 남아

대견하게 폼 잡아 넌지시 건넨 농담으로

고개 빤히 들어 치사랑 눈빛으로 보내고

산길

성백술

눈밭에 찍힌
피 흘린 짐승의 발자국을 따라가다
가시나무 잡목 수풀 무성히 가로막혀
끊어진 산길
어릴 적 할머니 얘기 속에 나오던
할아버지 아버지들이 갔다던 그 길도
이런 산길이었을까
골짜기로 몰아치는 바람이
산그늘로 내려와 어둠을 치고
해묵은 길 위로 눈발은 우수수 우수수 날려
무너지는 하늘, 멀리 어디쯤에서
우는 겨울 산
웅크린 그 어둠 속에
산으로 산으로 몰아쳐 간 아비들
얼음 발 차가운 눈 속에 묻혀
추위와 굶주림을 이기던 저 산
머지않은 봄이면
총성이 울리고
아, 일제히 꽃불이 터져 오르던
저 산
가시나무 잡목 수풀 무성히 가로막혀
지금은 끊어진 어두운 산길

산딸기

성백원

유월의 산기슭은
붉디붉다
보라
저 선홍빛
얄팍한 양심을 찌르는
말 없는 분노
조심하라
저 붉은 의식
너야말로 벌거숭이
나의 가슴에
낙관을 찍는다

대지가 살아나다

손재연

태양이 노했나
연일 대지는 불덩이로 몸살을 앓고
논밭에 심어 놓은 작물들의 신음 소리
그칠 줄 모른다

간절한 기도가 통했나
밤새 소나기 쏟아지더니
아침에 일어나 보니
고추 모종도 배추 모종도 모내기한 논도
싱싱하게 햇살을 머금고 있다

아, 물 한 모금의 축복이
내 몸까지 춤추게 하는구나

천태산 은행나무 전상서

손진옥

천태산 산그늘에
영국사가 잠길 때

올해 낳은 은행알들
가재처럼 품어 안고

황포 돛 펼쳐
양지 찾아 나서시는

우리 할매
천 길 은행나무 배

우주 쇼

송시월

나도 한 점 너도 한 점
점이면서 무한대들

무한대+무한대= 무한대
무한대−무한대= 무한대

색색의 점들이 무한대로 열리고 있다

점들이 선이 되고, 선들이 잎이 되고 꽃이 되고

자색 노랑 소국들이 벙글고
하양 주황 보라 핑크 대국의 꽃봉오리 큰 별들
다중 우주로 팽창 중이다

푸른 별 '지구'라는 무대 위에서
우주 쇼가 한창이다

바람 경전

송은숙

천에 경전을 새긴 것은
바람에 경전의 말씀 날아가 널리 퍼지라는 뜻

빨강파랑노랑하양검정
오색 타르초는 가을바람에 힘껏 몸을 흔들며
참깨를 털 듯 말씀을 털어내고 있다

바람 신전에 찍힌 고요의 발자국들
자욱하게 붐비다가

등불처럼 걸린 메리골드 꽃목걸이에도
사원 바닥을 베개 삼아 잠든 늙은 개의 터럭에도
화장터 짚불의 재처럼 내려앉는다
검은 눈물처럼 시들어 가는 냇물에도

그러다 산의 뿌리, 돌의 뿌리, 나무뿌리에 스며들어
이듬해 봄 무우수나무꽃으로 필 것이다
사라수나무 잎으로 돋을 것이다
바람을 건너온 허공의 지문 같은 말씀이

소낙비

송중호

마당 끝 감자밭 위로
소낙비가 쏟아진다
개들도 마루 밑에 숨고
아이들도 젖은 채 모여든다

모락모락 피어나는 비 냄새
떼 지어 날아가는 참새 떼
어미 소는 여전히 풀을 뜯고
어머니는 장독대 덮느라 바쁘다

잠깐이지만
온 논밭이 파래지고
고춧잎마다 맺힌 물방울이
은빛 구슬처럼 빛난다

소낙비 스쳐 간 자리
진흙 길 아이들의 발자국마다
여름은 더 깊어만 간다
매미 소리 즐거운 여름 노래,

질투

시이청

산뜻한 봄날
옷이 예쁘네요
옷 말고 다른거요

도토리진법

신명옥

홀리는 순간 발은 공원 숲으로 들어가고 눈은 바닥을 더듬는다

숲에 깔리는 진형, 굽신거리며 하나씩 부수어야 벗어난다

갈색으로 빛나는 결정체, 높은 곳에서 떨어진 구슬, 암호가 적힌 쪽지

이 포진은 간격이 일정치 않다, 정해진 노선이 없다, 몰입해야 보인다

경단으로 탑을 쌓는 동안 환해지는 눈빛, 올라가는 입꼬리, 넉넉해진 호흡으로

동그라미와 노는 아이, 탄성으로 차오르는 풍선, 회복되는 별자리

나무가 보고 있을까, 제 분신들과 무아경에 든 다람쥐

장엄(莊嚴)하다

신순말

마주하여 숙이고 손 모아 우러르니
빛나는 웃음소리 번져나가 퍼지고
내 마음 은행잎인 양 등(燈) 하나를 내건다

서 있는 것만으로도 이미 아름다운데
물들고 또 물들어 나조차 물들이신다
천년을 환히 밝히며 복(福)을 짓는 은행불(佛)

풀벌레의 다짐

신언관

아득바득 일하지 않겠노라고
지친 몸으로 노을 바라보며 다짐했지

다르지 않은 어둠을 보내고
아침 해 뜨기 전 새소리에 잠 깨어
삽 들고 논밭으로 나가
땀에 절은 옷 마를 새 없이
허리 꼬부라지도록 일한다

주름진 얼굴에 노을의 붉은빛 물들면
땅거미 진 논둑에서 또다시 다짐한다

어제 같은 오늘이요, 오늘 같은 내일
꿈이 없는 돛대산 꼭대기 매일 바라보며
사는 것 별것도 아닌데
언제 꺼질지 모를 목숨 지켜내며
살아 있으니 살아내는 것뿐인데

앉아 있는 논둑 두 뼘 옆
바랭이풀 속에 숨었던 풀벌레
소리 없이 벼포기로 몸을 감춘다
그냥 살아내려는 본능이다

그렇게 한 해가 늙어간다

지각

신원철

파도가 솟구치며 접근 불허
왜 이제야 왔냐고
지각생들은 들어올 수 없다고
비바람부터 갑판을 사정없이 갈기는데
직접 눈으로 보기라도 해야겠다고
선실을 뛰쳐나온 폰의 화면에 우뚝 서서
숨을 멎게 하는 검푸른 높이
터져 나오는 아쉬운
탄성
팔락팔락 태극기와 함께
독도야!

환삼넝쿨

신현옥

세워 둔 경운기 바퀴를
사정없이 휘감고
모른 척 모르는 척
한 생을 기어가는
잡초가 있다

설중매 피다

심수자

예고 없는 한파 수시로 몰려와도
동파될 수도 없는 늙은 매화나무의 몸

어느 한구석 툭 터진 곳이 꽃이다

상처의 옹이가 단단해질수록
눈빛으로 긁는 성에
입술엔 분홍 루즈를 곱게 바른다

뜯겨 나가는 꽃잎들은 내 생의 레시피

허공으로 휘발되는 눈물 가지 위에
아침 참새 한 마리 앉혀둔다

고통으로 승화된 열매가
달콤하게 발효되는 어느 날

꽁꽁 언 눈이 녹는 속도보다
봄 햇살에 몸 깨어나는 속도가 빨랐다

나무 밑의 사람 4

심종숙

사람은 나무 아래 서면 작아진다
사람이 나무 위에 서면
더욱 작아진다
위에 설수록 더욱 작아지는 사람
그 사람에게 나무는 자신의 자리를 내어준다
하늘을 받드는 데 그 사람이
딱 맞기에

비주류들

안원찬

질경이는 혁명의 전사다
버려진 땅을 자신의 영토로 개간하는

작고 여린 꽃
어머니의 심장 같다

질경이 닮은 사람들
스스로 길을 내는,
고달프지만 절대 영혼 꺾지 않는,
이 땅의 비주류들이다

오늘도 혁명 중이다
땅 파고 공장 돌리고 자동차 고치고
하수구 뚫고 빵 굽고 밥 짓고
똥 푸고,
그리고 또, 작고 여린 꽃을 피우는
이 땅의 질경이들

경원사

안현심

부처님 오신 날
한 말씀 들으러 찾아갔더니
효림스님 목소리는 들리지 않고
백일홍나무 속에서
새들의 독경 소리만 반짝거렸다

가난한 산자락에
연등 몇 개 흔들릴 뿐

돌층계 밑 씀바귀가
노랗게 등불 켜고 있었다

연등이 많을수록 캄캄해진다는 말씀,

돌아 나오는 어깻죽지에
죽비로 내렸다

나는 커서

양 곡

나는 커서
꽃에 엉기는 꿀벌이 될래

나는 커서
나비를 부르는 꽃이 될래

나는 커서
꽃을 피우는 봄바람이 될래

나는 커서
꽃을 키우는 사람이 될래

천태산 은행나무

양길순

마음이 울적하고 위로받고 싶은 날
엄마 손길 같은 당신에게 갑니다

봄에는 연둣빛으로 희망을
여름에는 그늘로 휴식을
가을에는 황금빛 물결로 풍요를
겨울에는 침묵으로 기도를 올리는 당신

수많은 발자국과 숨결을
가만히 안고 서서 오늘도
따스함을 선물해줍니다

불생불멸

양문규

천년 은행나무에도 싹이 나니
무한 허공을 받들고 키우네

명상수련

양미순

처음 하는 명상수련
가부좌 틀고
들숨과 날숨에 집중하라지만
모를 소리였다
깨도 깨도 쏟아지는
졸음
꺼도 꺼도 올라오는
망상
저려 오는 다리는 어찌할꼬
다만 호흡을 가다듬고
일어나는 마음만 살피라는데
가당찮은 일이었다
분명 어디 있기는 있을 텐데
나는 아직 오롯한
내 참나를 마주한 적이 없다

되는 일보다
안 되는 일이 더 많은 세상이라니

나뭇잎 경전

양선규

이른 아침 노랗게 물든 시를 읽는다
우리도 물들고 세상도 물든 늦가을이다

떨어져 누운 시간들은 얼마나 가벼울까
나도 따라 몸을 낮추어 땅에 기대고 싶다

왜 모든 것은 낮은 곳으로만 흐르는가
자연은 모두 사계(四季)의 섭리를 닮았다

노랗게 물든 천태산 천년 은행나무
보일 듯 말 듯 가지 끝, 하늘도 노랗다

애기똥풀

양효숙

애기들은 사라지고
애기똥풀만 노랗게 번졌다

사라지고
살아지는
이야기 수풀

할매 기저귀에서도
애기똥풀이 자란다

천태산 별

엄태지

영동 천태산 은행나무가 천년 동안 떨어뜨린
은행알 알마다 별이었다면
천태산에 떨어진 별은 몇 가마니나 될까
사람들은 그 나무 아래서
별을 줍고 별을 까고 별을 구워서 먹었을 거야
천년 동안
영국사 부처님 보시기에 얼마나 좋으셨을까
너희들 별을 까는구나
어디서 똥 구린내가 난다 했다
별도 입으로 들어가면 똥이 되느니라
부처님 맑은 웃음소리에
천태산 은행나무는 한 뼘씩 자랐을 거야
두고 보셔요 부처님
내년에는 뒤 가마니 더 열릴 테니까
그래그래
내년에는 똥 구린내가 천태산에 진동을 하겠구나

아침 달

여 목

저렇게 부드러울 수가
희미한 구름 속, 뽀얀 속삭임
어머니 대지의 따스한 바람 따라
가슴 깊이 스며드는 그리운 얼굴입니다

그대 한 조각 깃털 되어
하늘 어둠 밝히며 내려오는 길
아찔한 순간을 넘어
상처를 포옹하니 벅차오릅니다

새날 새 빛을 감싸안고
지켜보는 포근한 얼굴
마음속 담긴 이야기는
"하늘보단 땅인 게지"라고 말합니다

세상을 살아가는 동안
변함없는 동반자 되길 소망하며
그대의 오프닝 쇼에
위로와 기쁨으로 채우겠습니다

수련이 있는 정원

염창권

가공의,
현실이 널 이곳으로 이끌었다
다시 잠에 떠밀렸고 부끄러움이 많아졌다

꿈속에 들어온 너는 새 같았다,
착했다

못물이 차오르고 색색의 꽃 피웠으나
뿌리 없는 주문들만 둥둥 떠다닐 뿐
누군가 껴입고 간 생활은 꿈에서도 어룽졌다

나를 따라 들어온 못물 속에 넌 저만큼
수련꽃 꽃대를 밀고 있네, 그리움이네,

거듭 넌, 전화(轉化)되면서
색 없는 꽃 피우네

까치 노을

예시원

저문 강 너머 노구라지는

온통 핏빛인 산허리에 멈춘
하늘

붉은 선진국 맛이다

도샛바람에 덩덕개처럼

삶의 무게가 돌 가방에
무쇠 구두 같구나

난바다엔 저 늦 노을이

새벽잠을 깨우며
늠실늠실하겠지

해바라기

오수야

더 이상 나를 보지 말아요
뜨거운 시선이 나의 것이길
간절히 바라던 계절은
청춘과 함께 흘러갔어요

이제는 잊어줘요
이 생이 끝날 때까지
변치 않을 것 같던 마음도
영원한 것이 아니었어요

더 이상 날 붙잡지 말아요
품었던 헛된 희망들은
홀로 기다림에 지쳐
까맣게 멍울 되어 맺혔어요

이제는 안녕이에요
알알이 맺힌 아픔들이
도리어 삶의 위로가 되어주니
고개 떨구며 작별을 고할게요

일갈(一喝)
―소리도 역포 할매

우동식

워따매 소롱단 갯바람 영판 징허게 추운 것!
삭신이 쑤시는 게 자빠지겠네

시방, 저짝 덕포 깔꾸막 몬뎅이 뿌다구니에
거시기 므시기 벚꽃낭구꽃 진달래꽃 개나리꽃이 뽀짝
얼굴 디밀어 허벌나게 피어버렸는디
아짐찬하게 있지못하고 먼 꽃시샘이랑가

오매! 오매! 저 생명체들 다 어쯔야쓰까이!
쩌 아래부터 더터가꼬 오는데 엔간치 해야지 환장해부리것다

어째 쓸때없이 여때 믓하고 싸게싸게
오지않고 삐대고 자빠졌다가 요로코롬 무작시럽고
암시롱 않게 무신 심사를 부리고 지랄 옘병이야!
징상스럽게 암만, 그라믄써것는가?

짜자나게 이게 문짓거리다냐 저 아침꽃들 시방 다 문일다냐
솔찬이 짠하고 성가시고 껄쩍지끈한게 얼척이 없네
복장터져 디지것소이

시상 수작(酬酌)이 하 수상(殊常) 어수선하니
요로코롬 때도 모르고 긍께로 지랄용천을 떠는 갑쇼잉

괜찮다

우정연

비바람
내 눈에 놀다 간 후
내 얼굴 맑아졌다

눈보라
내 마음 마실 다녀간 후
내 가슴 따뜻해졌다

괜찮다,
작설차 한잔 마주하니
이제는 세상만사 모두 괜찮다

은행 가라사대

우진숙

황제의 색을 탐한 황녀
이름이 금(金)행이 아닌 은(銀)행인 건
누가 시샘할까 봐
그런 이름 지었을까요

나만 보면 똥 구린내 난다고 피하는 족속들
저들 내장에 똥 잔뜩 넣고 다니면서
나를 타박하고 나무라는 인간들
누구 똥이 더 쓸모 있는지
한 번 따져볼까요

벌거벗은 여인네 속살 훔쳐보며
쫄깃한 마이구미 식감에 혼이 빠져
더듬고 핥으며 오르가슴에 이를 즈음
나를 잘근잘근 씹어대는
그 입에다 독기 밀어 넣곤
통쾌하게 웃어나 볼까요

잎사귀 하나 입구에 달아놓은 은행
의기양양하게 은행 한 광주리 맡기러 갔다가
문전박대로 쫓겨난 여인
울화통 터진 것 알까요

사과 꽃잎 따는 날

유명선

산 벚꽃 지고
노랑할미새 꽁지 까딱거리며 밭고랑을 종종거릴 때
먼 산 넘어 건너오는
올해 처음 듣는 검은 머리 뻐꾸기 소리 들으며
봄 햇살 아래에서 사과 꽃잎 따 주는 날
순한 초록이 드세지기 전에
아예 봄날이 가기 전에
당신에게 사과 꽃향기라도 전해주고 싶지만
시절은 야속하게 기다려주지 않고
그냥 마음속 그리움에 담아 두었다가
파란 가을 하늘 햇살에 눈부셔하며
찡그린 얼굴로 찍은 사진과 함께
못생겼지만 달콤한 사과를
보내 드리면
아, 잘 지내고 있구나
생각하시길

그래도 찬란하니 참 좋은 계절입니다

봄비 소리

유승도

도랑가에서 닭을 잡은 뒤
뽑은 깃털을 내버려두었더니
봄을 맞아 푸른 몸을 일으킨
풀이 깃털을 들고 섰다
닭이 되살아나 날개를 털며
'꼬끼오' 우는 소리가 들린다

가을에 안겨

유영옥

햇살, 더 깊고 그윽이 마루에 스미네
마른 바람은 이따금 리넨 커튼을 흔들며
예고되었던 이별이 막바지로 치닫고 있다 속삭이네

하여, 이제 더는 시간이 없을 것이라
마당의 열매 한층 달콤해지려 안간힘을 다하고
잎은 더 곱게 단풍 들려 애를 쓰네

이별의 전령은
흰 눈발처럼 내 머리 위에도 살포시 내려앉네
가을이네

열매를 익혀야 할 시간이네
잎을 물들여야 할 시간이네
가을에 안겨

노란 풍선

유재호

풍선이 불고 싶었다
어린 동생 데불고
찬장 속 동전 지갑 오 원을 훔쳤다
매몰찬 울 엄마 부지깽이
눈물로 분
노란 풍선

친구에게

유준화

낮은 곳으로만 흘러와
나의 빈자리를 채워 주는 너
가슴 깊은 곳으로 흐르는
맑은 강물 같은 친구야
우리 함께
들꽃같이 피어 있지만
너 아니면 이 세상 어쩔 뻔했어!
네가 걸어주는 핸드폰의 음성
어둠은 모두 멀리 가고
살아 있다는 것이 행복하게 하는
너의 언어는 나에게 시가 되고
너의 웃음은 나에게 노래가 된다
나의 웃음도 너에게 노래가 되기를
친구야~! 맑은 강물은 친구야!
오늘 밤에도 먼 하늘에 별이 빛난다

앵두

유진택

고목의 앵두가 봄날을 즐기고 있다
온몸에 흰 꽃잎 다닥다닥 붙이고
봄날 속에 앉아 졸고 있다
빨간 앵두로 변해갈 세월이
아직 아득히 남아 있어도
아, 조바심이 이는 봄날이여!
가끔은 앵두나무 곁으로 와서
노파의 살결처럼 쭈글거리는
나무껍질을 만져보며 다짐을 했다
앵두꽃 같은 환한 날들이 오지 않아도
앵두꽃이 내어준 꽃길 속을 걸어가
내 마음에 빨간 앵둣빛 루즈를 칠한
한 여자를 사랑하고 싶었다

가을볕

유현숙

볕이 참 좋다, 내일 뭐해?

들도 산도 붉다
올래?

자전거 타이어에 공기 빵빵 채웠어
해거름 둑길 끝까지 달리자

산촌 가을은 짧아
산집은 쉬 어두워지고 추워
저녁엔 장작 패서
난로에 불 지펴 불멍 어때?

건너와
입석이라도 타고

새벽의 숲은 가장 숲다운 것 알지?
빨간 장화 신고 노란 꽃 더미를 걸어
여뀌도 고마리도 이슬 젖은
들길도 걷자

좋아하는 커피 내려놓을게
꼭 와

물탑

유회숙

수심교 물소리
마음에 돌 하나 이고
탑이 되어 흐르는 물 위에 앉는다

불이문 지나 농암실 경내에
이름표 달린 야광나무 몇 그루
나무도 귀명창 된 지 한참이다

물에 젖은 물의 언어
수백 번 수천 번 몸 낮추며
내 안에 절 한 채 짓는다

밤하늘 별 하나하나
소나무 우듬지 바람 소리 모두
보이지 않는 물소리에 귀를 묻는다

제 몸 두드려 목탁을 치는
두두물물 두두물물 흐르는
불원천리 백담계곡 탑으로 쌓는다

단청

유효정

봄보다 먼저
대웅전 처마에 봄이 와요
화승의 손길이 붉은 꽃을 피워요

잎 한 장 한 장 새 옷을 입혀
꽃을 보시한 화승

염불 소리에
봄이 깨어나요

낙화 사숙(私淑)

윤관영

꽃 저무니, 어무이가 안 뵈신다
겹벚꽃 왕벚꽃에 드난사는 집
집안서건 동네가 고즈넉타
미필적 고의로 투신하는 꽃 이파리들

내장을 훑어 내리듯 하는 빈 마음에
흰둥이 코앞에 앉았다
저라고 속 좋을 리 없다는 듯
가마득한 곳을 보며 귓바퀴를 세운다

반드러운 개밥그릇을 앞두었다
혀끝으로 덮어서 하야말끔히 부셔 놓았다
그 그릇에 벚꽃잎 설레발쳐서, 드니
하양 분홍 보라가 도드라져, 섞여 인다

그 꽃잎을 공양하듯 받아 든 프라이팬 개밥그릇
흰둥이 귀때기를 문지른다
고요도 바닥의 바닥, 바닥의 그 바닥이 중첩되었다
흰둥이 발등을 쥐어주었다 시부저기

꽃받침까지 지는 결사(結社)
소리가 없다 밥 먹어라
짙어져 가는 것들이 들어앉고 있었다
꽃을 비린 나무가
시나브로, 제 몸을 깨고 있었다

살아 있음의 길

윤난희

한줄기 빛이 흙을 깨우듯
사람의 마음에도
보이지 않는 씨앗이 자란다

넘어지고, 다시 일어서며
눈물 속에서 뿌리를 내리고
웃음 속에서 꽃을 피운다

생명은 단지 숨 쉬는 일이 아니라
누군가의 손을 잡아주고
작은 희망을 건네는 일
그 따뜻한 순간에 머문다

나 또한 이 길 위에서
흔들리며 살아가지만
오늘의 숨결이 내일을 잇는
푸른 다리가 됨을 믿는다

그립구나, 천태산 은행나무야

윤수천

나무야, 나무야 은행나무야
천태산 은행나무야
무엇이 그리도 그리웁길래
이 밤도 잠을 못 이루느냐
먼 밤하늘의 별이 되고프냐
먼 밤바다의 등대가 되고프냐
너를 품고 사는 나도 그립구나
천태산 은행나무야
천태산 은행나무야

바람의 노래

윤태진

울 엄마 등에 업힌 고향 집 둥근 달은
달빛에 먹을 감는 대숲을 흔들어서
나만이 들을 수 있는 자장가를 부른다

할머니 옛이야기 들려주는 그 밤은
밤하늘 선명하게 봉황 꿈 차오르고
유유히 밤을 지키는 달의 노래 들려준다

자장자장 노랫소리 옥구슬 고이 꿰어
미리내 바라보며 잠이 드는 겨울밤은
별 내린 고갯마루에 어린 시절 걸려 있다

여름

이가인

풀벌레 소리 내 귀를 감싸고
푸른 잔디 나뭇가지 틈새로 비춰주는 햇살
내 가슴에 점점 불타오른다

뜨거운 햇살 위를 나르고픈 새들도
고개 삐쭉 내밀고 웅크린 실낱같은 바람도
내뿜는 열기에 고개 젓는다

지칠 줄 모르고 소리치는 태양
사랑하자 손짓해도 외면하고 돌아서는
야속한 여인

백목련

이강하

빨갛게 젖어오는 햇살에 기어이
옷고름을 푸는 저 꽃 좀 봐
하얀 젖무덤을 과감히 내미는 저 당돌한 극치를 봐
그녀에게 한때 겨울이 있었으므로
지독한 협박이 있었으므로
하나의 봉오리를 수없이 갈라놓는
혁명 아닌 혁명을 피우고 있는가

구멍 없는 피리

이 경

차가운 비석 위로
별이 뜨자
그날의 소년이 돌아온다
맑은 구름이
망월동에 가득 내려앉자
소년이 구멍 없는 피리를 분다
그 소리는 오로지
어머니만 들을 수 있다
결이 고운 흰옷을 차려입은 어머니
소년의 피리 소리에 가슴을 쓸어내린다
별이 지고
피리 소리 끊어진다
소년은
흰 소를 타고 오던 길을 되돌아간다

어머니만 홀로 서 있다

낙엽은 초록으로 이어져

이광수

넘쳐나던 잎들이 떨어지는 것은
반란이 아니다
스스로의 잎들을 갈색으로 물들이며
이제는 되돌려줄 인생의 외로운 길

어느 날엔가
빛나던 생애는 저물고
황혼의 가을 길에 쌓여 가던 낙엽은
따뜻한 모정의 흙 속에서
새싹을 품는다

꿈은 언제나 먼 곳에서 이어져 초록으로
저 아픔 끝에서
찾아오는 봄을 붙잡기 위해
자신을 훌훌 털어 버리는 거다

난(亂)

이금례

하이에나 무리가 나무 위를 보고 있다
나무 위에는
가젤을 쟁취한 표범이 으르렁거리고 있다

하이에나는 나무를 오를 수 없고
나무 위를 올려다보며 씩씩거리는

표범이 하이에나가 포위망을 뚫고 탈출하느냐?
하이에나가 가젤을 포기하고 물러나느냐,

먹고 사는 일이 난(亂)이다

가을 길

이길섭

새벽바람 다독이며
이슬 풀잎 끝에 맺힌
들길 따라가네!
다랭이논 지게 위 햇살
금실처럼 내려앉는
가을 길 가네!

산마루 박차고 새털구름
하늘 높이 날아가는
들길 따라가네!
귓전에 툭 툭,
상수리 떨어지는 소리 들으며
가을 길 가네!

천년을 품은 편지

이남지

천년을 써 내려온 편지
겨우내 뿌리 깊이 간직한 맥박
새순 바람 땅속 별에게 보낸다
한 잎 한 잎 수놓은 햇살이
이끼 위에 흘러내리는 강물 따라
멍든 돌 틈에 스며드는 발자국
대지의 심장을 두드린다

가지에 걸어둔 스카프 끝자락
숨 죄인 초록빛 솜방망이들
공중에서 황혼의 물감을 풀어놓는다
우산 아래 모인 노란 편지들
주소를 잃어버린 오래된 옷깃
머리카락 스치는 바람 산허리에 걸린다
손수건 흔들며 마음 실은 황금 편지를
산책하는 바람에게 건넨다

등을 읽었다

이 달

돌아서서 가는 그 사람의 뒷모습을 보았다
낯익은 고집과 완고함,
말없이 삼킨 굳은 결심들이 묻어 있다

어깨 위엔
묵직한 계절 몇 개가 걸려 있고
숨기지 못한 삶의 무게가
겹겹이 쌓여 있다

등을 보았다는 건
말하지 못한 문장을 들켰다는 뜻이다

등골을 타고 흘러내리는
팔만대장경의 무늬를 발견하는데
참으로 오랜 시간이 걸렸다

퀭한 바람이 등을 스치고 지나갔다
에스컬레이터를 올라가다 말고 돌아서는
그의 등 뒤로
어둠이 꼬리를 물고 따라왔다

역사를 빠져나간 불빛 너머로
등이 사라졌다

그러거나 말거나

　　　　　　　　　　　　　　이달균

골목길 미용실에선 수다꽃이 피었습니다

커트가 어떻고 파마는 또 어떻고

한참을 기다렸는데도 끝나지 않습니다

어제는 모종비, 오늘은 가루비

미용실 앞 작은 텃밭엔 강냉이 새싹들이

이모들 그러거나 말거나 세상 구경 한창입니다

지리산 중산리

이동근

몸의 근육이 헐떡거리고
심장 박동이 털썩거리고
그 사람 생각 하나 가지고 올라온
지리산 종주
생각과 몸의 임계점을 지나
그 사람은 지워지고
들숨 날숨만 있다

오르막과 내리막 경사에
꼭 쥐고 왔던 여름의 사람아!

딴청 피우다

이명희

연일
내 고장은 지금
바람을 이리저리 저으며
달궈진 햇볕이 볶는 중이다

판에

늘어진 포도밭에는
딴전 부리며
칠월이 포도에 주렁주렁
탐스럽게 익어간다

풍요의 땀방울이 굵어만 간다

새의 밀서

이복희

들켜버린 미행의 끝은 비릿하다

여기저기 흩어지며 남긴 쌍 실선은
발톱 뭉툭한 새의 발자국이다

동트기 전부터 젖어 있는 걸 보면
할 말이 많은 새였나 보다
눈 위에 박음질 된 조서(鳥書)는
어떤 언어로도 해독되지 않는다

거기, 움직여야만 먹이를 구하는 시간이
깊은 목구멍에서 흘러나온 태고가
여기저기 어지럽게 찍혀 있다

잘라내도 자꾸 생겨나는 보풀
굶주림의 질긴 끈을 당기면
채 읽기도 전, 사라지기 위해 태어난 상형문자
제집인 양 가시덤불 속에 든 것이다

눈밭에 찍은 새의 발자국은
녹아 얼룩으로 스밀 자국이어서
굳어가는 햇살 아래서 더 선명해진다

책꽂이에는 오래된 나무가 산다

이비단모래

내 서재는 오래된 나무 냄새가 난다
열다섯 무렵부터
헌책방에서 나무 한, 그루씩 가져왔다

아울렐리우스 명상록
무녀
을화
내일은 비
숨은 꽃

책갈피에 레트로하게 낙엽 한 장
납작 엎드려 있었다
리뷰는 심장 서랍에 넣어두었다

그 나무도 내 나이 따라 낡아졌다
나무 냄새는 고목일수록 잔잔하다
아파트 벽에 숲을 이룬 저 나무들
내 나무라 이름 지었다

천년나무

오뉘

이사철

별이 내려와 웃고 있었다, 도라지꽃

영 너머 가는 길

노루 꼬리만 한 해 — 지는 누이처럼 아팠다

저편

이상인

나무들은 잎이 눈이라고 해

봄부터 늦가을까지 잎을 통해
세상을 바라보다가
잎이 떨어지면 서서 잠이 들지

세상 저편을 보기 위해
나무들은 수많은 눈을 털어버리고
춥고 긴 동면에 드는 거야

사람은 온몸이 큰 눈이야
그 눈이 감기면
저편, 다음 세상을 볼 수 있다지

족제비가 남긴 똥을 마시다

이서은

한 끼에 몇십만 원짜리 뷔페를 먹고도
영양가 없는 배설물만 쏟아내는 세상에서
카페인 없는 하루는 상상하기 어렵다
시각과 바꾼 후각으로 최고급 커피 열매만
따먹은 족제비들은 작은 똥 덩어리 하나도
그냥 배설하는 법이 없다
카페인마저도 온몸으로
각성시켜 세상 밖으로 내놓는다
쓰디쓴 커피를 수십 잔 마셔도
붉은 심장 하나 깨우지 못하고 있는 가을 아침,
족제비가 소화한 열매를 끓여 마신다

연꽃

이서정

연잎 이슬 밤새 모아
연꽃잎 적시면

잠자리 한 마리 날아와
연꽃 입술 훔치고

지나는 나그네 다가와
연꽃 미소 훔친다

바스락거리는 마음

이선희

무슨 나무의 잎사귀로 태어나
태풍에 찢기면서도 안간힘으로 매달려 있었다

벌레에 파먹히고
오그라든 몸피는
땅바닥을 뒹굴다 밟힌다
바스락바스락

그렇게 뾰족하게
날 세우며 살지 말 걸
뻣뻣하게
버티며 살지 말 걸
하늘만 바라보며
살지 말 걸

산길 구석구석
가을빛 쌓이듯
내 마음도 바스락거린다

고급 세단 탄 부처 되어

이숙희

쿠~앙 쾅쾅 콰강카앙~~
무대의 조명이 켜짐과 동시에
눈과 귀를 사로잡는 휘몰이

조용히 눈을 감고 귀를 연다
악기 소리 노랫소리 어우러지는 파동에
서슴없이 함께 올라탄다

내 안의 기운이 소리와 함께 출렁인다
마음이 일으켜 세워지고
몸 함께 리듬을 타는

악기와 함께 저를 발산하고
목청으로 저를 발산하는
발산이 예술로 승화되는 순간을

깨어 일어나
고급 세단을 탄 부처가 되어
같이 춤추며 노니는 내 안의 나

지금을 고급 세단 삼아
부처 되어 생 놀이하는

*고급 세단을 탄 부처: 현대인의 이상향

머그잔의 시간

이순주

한 잔의 커피를 마시는 동안
내 안에 네가 엎질러진다
매일 머그잔과 함께
조심스레 오후의 시간을 건너간다
커피를 음미한다는 건
쓰디쓴 세상을 맛본다는 뜻이 된다
생애 나는 무엇을 음미했을까
머그잔을 두 손으로 감싼 채
따듯한 차의 온기를 느껴본다
너와 함께 있을 때도 이 온도였을 것이다
기억에도 싹이 돋아날까
무시로 커피를 마시는 건 네가 이유다
머그잔에 잠시 머물다 사라진 커피처럼
이 별에선 이별이란 커피를 마시는 일 같은 것
그러므로 이별이 이 별에선 생활이다
따지고 보면 내 것인 게 하나도 없다
커피를 다 마시고 나면
나는 빈 잔으로 남는다
생이 때로 이처럼
투박하고 웅숭깊은 찻잔이라 해도 족하지 않을까
빈 잔으로 앉아 물끄러미,
눈 오는 창밖 내다보는 일은 찻잔의 취미

천태산 영국사 은행나무

이승룡

장맛비 내려친 천태산 계곡
쏟아져 내리는 폭포수는
어디론가 굽이굽이 흘러가고

천태산 자락에 휘감긴 채 숨어
긴긴 세월 고요한 산사는
누구를 벗 삼아 살아왔던가

면벽 수행 선승처럼
산기슭에 가부좌를 틀고 앉아
천년 기도 이어온 은행나무여

송두리째 온 산을 움켜쥔 채
무언의 또 다른 천년 약속을 위해
끝까지 임과 함께하려는구나

닫힌 문

이승용

문을 닫아걸고 살던
캄캄한 시절이 있었다

내 믿음도 바닥나
나를 버리듯 가둬버린 문이었다
화마가 된 나를 멈추게 하고
혼돈으로부터 보호막이 되어준 문
세상일에 손 놓아버린
사람의 닫힌 문이었다
목 놓아 울다 지치면
캄캄한 벽 안에서 눈물도 반짝한다
보이지 않는 빛의 언어가
혹 그어준 한 줄
하나의 문이 닫히면
또 다른 문이 열린다는 신호탄
닫힌 문은 무엇이든 보여주는
믿음의 울타리이자 멈춤이었다

금빛의 시간을 잠재우다

이양희

묵언으로 지킨 말이 금빛으로 익어
한 그루 은행나무가 경전으로 피어날 때
말씀의 잔치는 시작되었고
방하착*하라
방하착하라
방하착하라
수만의 말씀을 지상으로 흩뿌리고
마지막 한 마디까지 가뿐히 내려놓고
말씀의 잔치는 끝났다
벅찬 가슴에 금빛 말씀 하나씩을 심고
더러는 금빛의 나무를 무성하게 키우리라 다짐하며
사람들은 멀리 집으로 돌아갔다

적멸은 금빛의 시간을 잠재우고
천년 은행나무 아래, 오래된 경전 아래
남은 말씀은 바람으로 흩어지고 흙으로 돌아간다

---

*방하착(放下着) : 집착하는 마음을 내려놓음

서쪽을 볶다

이연순

굽은 등의 노모차를
들판이 끌어당겨
참깨 몇 단 옆에 두고
한숨을 터는 동안
금세 온 저녁노을이
낱알을 걸러준다

가벼운 바람 앞에
쭉정이로 쌓인 오늘
백발이 된 시간이
힘없이 날아갈 때
서쪽은 빈 몸인 채로
젖은 몸을 볶아낸다

개쉬땅나무

이영수

빈 무덤의 비석처럼
이름표만 덩그러니 남아 있다
얼핏 외래종인가 했다

꽃이삭이 수수 이삭과 닮았지만
진짜 수수가 아니라는 뜻으로
쉬땅은 평안도 사투리란다

낯선 땅
숨죽이며 견딘 아픔
오해의 눈길은 또 얼마나 버거웠을까

진작에
너는 누구냐고
손이라도 한번 내밀어 줄 걸 그랬다

럭키 문(Lucky Moon)

이영신

햇님이
고이 숨겨 놓은 남자를
지구별에 보냈다면
달님은 여자를 낳아서
지구별에 보냈겠지?

햇님이
맘에 쏘옥 들어서는
고갤 끄덕끄덕 하고는

옛다, 선물 하나 보내마!
오늘 밤
보름달 받아라!

했던 것이지!

귀의 외출

이영춘

세상이 싫은 날은 산을 오른다
사람의 소리, 세상의 소리,
귀 밖으로 멀다
솔잎 새로 흘러가는 바람 소리
새들이 양말 벗고 노는 소리
꽃들이 침묵으로 앉아 웃고 있는 소리
풀잎들이 어깨동무하고 걸어가는 소리
선승 같은 나무들이 무(無)의 말로 경(經) 읊는 소리
어느새 하늘이 걸어 내려와 내 손목 잡고
산 능선을 넘는다
천지가 온통 한 몸이다
내 귀가 환하다

변신

이원구

전생에 나는 콩이었을 것이다
우리 아버지가 술을 너무 좋아하셔서
부대끼는 속을 풀려고
얼큰하고 시원한 콩나물국을 드셨으니

나는 콩나물이었을 것이다
그믐달 눈짓 써늘하여 허기진 가을 저녁
얼근하게 취기가 올라오면
신고산타령 가락을 멋들어지게 뽑으실 때

잠자던 콩나물들이 깨어나서
흥얼거리는 악보에서
나는 서걱거리는 팔분음표였을 것이다

그 콩을 쪼아 먹는 새가 아니었을까
안타까운 사연 그리도 많아
고개를 죽지에 처박고
어스름 타고 우는 멧비둘기였을 것이다

외딴집

이원규

백운산 아래 빈집 아궁이
캄캄한 자궁에 군불을 지핀다

젖은 매화나무가 슬슬 콧김을 내뿜으면
구들장 밑의 고래 한 마리
불고래 방고래 삼 년 만에 불춤을 춘다

백매는 하얀 연기
청매는 푸른 연기
홍매는 붉은 연기
연기들이 거품 물고 거짓말을 한다
소나무는 솔향기, 밤나무는 밤꽃 향기
코맹맹이 소리로 진심이냐 묻는다

그러거나 말거나 아랫목의 꽃잠
외딴집 흙벽에 운우지정의 매화 꽃망울 터진다

작은 배

이재무

밤이 와서 어둠이 밀물처럼 마을에 가득 차면
농막은 망망대해에 떠 있는 한 척의 배가 된다
나는 선실에 누워 바깥 소리를 듣는다
별들이 켜는 우주 음에 귀가 열린다
바다는 순간 아기처럼 잔잔하고 배는 순항 중이다

지구의 붓질

이주언

오랜 터전을 내다 버리자
붓이 칼춤을 춘다

화폭은
불꽃에 휩쓸리는지
폭우에 쓸려가는지

그림을 온전히 반복하지 못한다
봄의 살갗을 재생하지 못한다

하얀 곰이 얼음덩이 건너다 발을 빠뜨리고
불꽃이 코알라의 등으로 훅, 번진다

왕제비꽃 꿀벌 열목어 수달 삵……
그리고 인간이

무채색 붓질에 지워지고 있다

황금나무 보고서

이주영

합장한 두 손 숙연해진다

황금옷 두르시고
장엄한 얼굴로 내려다보시는
천태산 큰 어르신

머리 조아려
미물의 헛된 마음
속죄하니

그 마음 훤히 들여다보시고
혜안의 눈길로 보듬어주시는
위풍당당 큰 어르신

하늘 높고 맑은 날
천년의 품 안에서
천년 보물의 전설을 쓴다

단풍놀이

이주희

단풍 든 할머니들 등장에 전철역 공원이 부산해진다
해찰하던 개구쟁이 바람 몰려와
팡파르 속에 뿌리는 종이 꽃가루 같은 낙엽을 날리고
단풍나무들은 짝짝짝 박수를 친다
참새 떼의 환영 노래에
경로당 텔레비전으로 단풍 구경하던
할머니들 첫 소풍 나온 꼬마처럼 마냥 들뜬다
단풍나무 조각 그늘에 비닐 꽃자리를 깔고 둘러앉는다
손자 녀석 소풍 덕에 차지가 된 김밥과
삶은 계란에 찐 고구마가 나오고
따끈한 보리차에 구수한 커피까지 보태니
대갓집 잔치 마당이 안 부럽다
고수레로 던진 김밥 한 덩이
주위를 맴돌던 비둘기 차지가 되고
궁금해진 고추잠자리도 다가와 기웃거린다
샘물처럼 솟는 애기꽃과
까르르 터지는 할머니들의 웃음보에
단풍나무 우듬지의 까치가 화답을 한다

은행나무 심(心)

이채윤

말하는 은행나무*는
얼마나 많은 말을 들어주었는지
얼마나 많은 말을 했는지

온몸이 귀가 되었다
온몸이 입이 되었다
온몸이 마음이 되었다

그 소리 듣고 말 걸고 싶으시
그 마음 몇 아름이나 되는지
울면서 팔을 펼쳐본다

비 오는 날 작은 새는
겨울 은행잎 밟고
그 입에 눈 맞춤한다
그 귀에 맘 맞춤 해본다
천년 동안 들어주고 말해줬으면
내 말도 들어주고 말해주리니

*경북 칠곡군 기산면에 있는 보호수

말없음표

이한배

말없음표 뒤에는 마침표를 꼭 찍어 주세요
침묵이 너무 길어지면 안 되니까요

말 안 해도 다 안다지만
그래도 말을 안 하면
나를 얼마나 사랑하는지 모르잖아요

새들은 날아가면서도
매미는 세상에 나와 보름을 살면서도
부지런히 사랑을 노래하잖아요

보고 싶을 때는 보고 싶다고
그리울 때는 그립다고
마음을 나누는 게 사랑이래요

아스라이 먼 곳에 있는 작은 별도
알아듣게 크게 사랑을 말하세요
그러면 그 작은 별이
내 가슴속에서도 반짝일 거예요

말없음표 끝에 마침표를 빠트리지 마세요
영원히 침묵하면 안 되니까요

입동(立冬) 지나

이현실

바람 건듯 불자
은행잎들 후드득 떨어져
샛노랗게 11월의 발등을 덮네

온종일 햇살을 물어 나르던 참새도
모두 어디로 갔을까

잠깐 스쳐 가는 고요

깊어 가는 계절의 품에 얼굴을 묻고
납작하게 키 낮춘
숲의 적요에 두 손을 모으네

은밀하게 주고받는 저 바통
질주가 끝나고 계절이 바뀌고 있네

숨소리마저 희미한 늦가을이
발자국을 지우며 저 멀리 가고 있네

깃털의 시선

이현협

난 일어설 거야
푸른 도시에 어울리지 않아
가짜 총알처럼 떨어졌다

밤낮없이 빛나는 하늘 덤불이 피어올라
줄거리 없는 허공을 장전하는 투명한 난간
참매미도 노래하지 않는 푸른 죽음의 덫

소멸의 종소리가 소리 없이 울려 퍼질 때
글썽이지 않는 무심에 밟히거나, 바스러지거나
접히지 못한 날개, 저물어 가는 피와 살

푸름을 뒤집어쓴 빨강 신호등의 천국
헝클어진 눈빛 중계하는 녹슨 스피커들
성난 황소들 비명에 귀를 닫았다

연어에게

이혜수

세상을 거슬러 오르는
너는 시간의 반역자

저 물살을 거슬러
강렬한 너의 몸짓이 대양을 가른다

고향 찾아가는 너 연어에게
나의 길을 묻는다

독도의 시간

이화영

어두운 시간을 위한 종이 울렸다
흩어진 섬들이 독도를 향해 눈꺼풀을 들어올린다
이글거리는 풍랑은 파란 비단잉어
선회하는 갈매기 떼 사이로
한 번은 품을 열어
지금 내 모습을 기억하라는 듯
육지의 섬들과 함께할 수 없지만
떠나가는 사람들
어디로 가는지 모르지만
뒤처진 갈매기 한 마리 머리 위로 날아가면
멀어져 가는 당신 눈을 차마 바라보지 못하고
무사히 육지에 닿기를
아껴 둔 햇살
나래 펼치도록 힘을 보낸다
부두가 출렁거렸다

기도란

이화인

내가 무언가를 얻기보다
가진 것을 내려놓는 일

나를 위한 바람이기보다
너를 위하여 지극정성 차리는 성찬

하나와 하나가 둘이기보다
열이 되고 백이 되는
가장 숭고히고 엉험한 일

은행나무의 속성

임덕기

공룡시대 화석이 살아 있다
살아서 천년의 삶을 이어간다
더 이상 진화가 필요치 않다고 거부하며
홀로 기품 있게 살아간다

홀로 서서 고독을 즐기는 명상가이다

친척도 없이 처음 태어난 모습 그대로
지금까지 잘 버티고 사는 것은
철저한 계획과 준비성으로 태어난
완벽을 추구한 부모 덕분이다

급변하는 계절 변화에도 휘둘리지 않는
끈질긴 고집 덕분이다

갈바람이 불어 은행알이 땅에 떨어지면
누구도 해치지 못하게 악취를 풍겨
처음부터 접근을 막아버린다

이중 잠금장치 안에 열매를 숨겨두고
비로소 안심하는 완벽주의자다

바람에 샛노란 은행잎이 시나브로 떨어진다
길게 살려면 철저한 준비성이 필요하다고
바닥에 떨어진 잎들이 넌지시 제 속내를 드러낸다

고빗사위

임미리

살다 보니 고비를 만나 아슬아슬하다
살아본 적 없는 나날들
숨을 쉴 수 없는 과호흡에 휘청인다
감각을 일으켜 세워 첫발처럼 내디딘다
고빗사위에서도 조건 없는 허락
바람이 나를 삼키고 토해내기를 반복한다
자연이 주는 환대로 충만해진다
환희에 젖어 더할 나위 없는 자족에 휘청인다
환대의 끝을 따라가니 예기치 못한 피안교다
경계의 손짓에 미묘해지는 마음 자락
잘려 나가는 쓰라림, 가피를 받았을까
고비의 끝이 무뎌지고 가벼워지려는지
발바닥에서 새순처럼 날개가 돋아난다

예술의 신비

임수아

긴 터널, 쓰러졌다

어둠 속에 비치는 햇살
한줄기
나를 일으킨다

글 한 줄. 소리 한 대목. 붓. 먹. 색(色)
하나로
선을 그리며 숨을 고른다

신비한 예술은
풍물 장단에 춤을 추게 한다

입추와 처서

임술랑

뜨거운 아스팔트 위에 꽃뱀이
길게 죽어 있는 걸
몇 번 보다 보면
들판에 나락, 누런빛이 돈다
이렇게 멀리 왔는데도
그대와 연결된 톡은
한 번 울리지도 않고
치렁치렁한 회화나무 가지에
흰 꽃잎 다 떨어진다
무성한 콩잎이여!
그 콩나무 그늘로 숨어들면
다가올 기나긴 계절의 씨앗 속에
들 수 있으려나
내 기약은 하염없는
둔덕산 마귀할미통시바위 너머 흰 구름
뭉쳐 있다가
흩어져 버린다

새소리

임영석

새들이 날아와서 노는 것을 바라보면
무어라 무어라고 말하는 것 같은데
내 귀엔 무슨 소린지 들리지가 않는다

사랑하는 소리부터 이별하는 소리까지
허공을 가득 채운 소리를 내뱉으며
볕 좋은 날을 골라서 듣고 싶은 소리다

마음이 텅 빈 날은 더 깊은 목소리가
짝 찾는 소리인지 짝 잃은 소리까지
소리의 악보 속에는 버리는 게 하나 없다

개화(開花)

임재룡

꽃이 피기까지는
기다림이 8할(割)
꽃비 흩날리던 그날부터
1할 9푼(分) 9리(釐) 9모(毛) 채우고
햇빛과 바람도 숨죽이는
지금은
1모의 절정이다

천년의 꿈

장문영

대웅전 목탁 소리 들으며
아기 은행 조용히 뿌리 내릴 때
앞으로 세월이 천년이 갈지
은행나무는 알았을까

천년의 바람 부드러운 햇살과
천년의 은빛 월화(月華)
천년의 아침 이슬과 붉은 노을

세상 밖 고난과 전쟁
풍요와 화려함에도
묵묵히 버티고 지켜온
투박하고 무뚝뚝한 어버이

아프고 힘들 때 찾아오는
자손들 소원기도 들으면
천년의 공력으로
소리 내 울어줄까

월류봉에서

장병진

달빛이 쉬어가는
한천의 월류봉에

송시열 마음으로
정자에 누워 쉬니

삶이란
풍광 보는 것
흐르는 물 깨끗해

푸른 달이 뜬 밤

장세현

그 조그만 계집아이의
고운 눈매 위로는
초승달 두 개가 낮달인 듯 떠 있어
언제부터인지 나는 마악 설레고,
드디어는 애잔한 그리움이 되었던 것인데
그것은 밤하늘같이 멀고 높아서
기나긴 날 슬픈 눈빛일 수밖에 없는 일이었으나
어느 하루 완전한 거짓말처럼
그 고운 초승달이 내 곁에 내려앉아
소나무 사이 걸린 환한 달을 올려다보며
꼭 한 번만 손을 잡고 싶던 밤,
오래도록 기억의 창고 속에 밀봉한 채
가끔씩 꺼내보는 그 밤, 그 조그만
계집아이의 눈썹 위에는
푸른 달이 떠 있었다

곶감을 말리며

장애선

가을 햇살 비추는 앞집 처마에
대롱대롱 알몸을 드러낸 장렬한 감을 보니
갑자기 곶감을 만들고 싶어졌다

감을 깎는 손이 찐득찐득하다

떫은 몸에서 배어 나오는 낭자한 혈흔
과육에 배어드는 단맛을 위해 견뎌야 한다
알몸을 드러내는 것쯤 수치가 아니다
혼자가 아니라서 다행이다
아우슈비츠 비르케나우 악명 높은
유대인 수용소가 아니라서 다행이다

죽어가는 것이 아니라 누군가를 위해
익어가고 있기 때문이다

몽둥이에 허연 분이 올라오면
달짝지근 맛을 내는 곶감이 된다
비로소 잘 익은 단정한 사람이 된다

곶감도 사람을 닮았나 보다
잘 익은 사람은 말랑말랑 달짝지근
단정하고 투명한 맛이 난다

기도

장현숙

단풍나무 잎들이
하늘을 향해
작은 손바닥을 내밀고 있다
저리 간절했단 말인가
부처님께 삼천 배 올리듯
손바닥을 들어 올리고 있다
깊고 깊이 드리는 정성
자식을 위한 기도일까
가족의 안녕을 위한 기도일까
바람이 불 때마다 더 간절하게
두 손을 들어 올린다
서리 내린 이른 아침에
빨갛게 땅바닥을 물들이며 떨어져 있다
그새 거뭇하게 검버섯이 피었다
한 손 한 손 포개진 채
아직도 기도 중이다

안개는 경계를 지운다

전선자

땅뺏기를 할 때는 경계가 분명했다
금을 그어가며 영토를 확장할 때
광개토대왕도 그러했으리
말갈기를 세우고 계절을 치달려
화살로 산을 쏘아 선을 긋고
칼로 강을 휘둘러
광대한 경계를 이루었으리

그러나 그리움의 소리 들을 때마다 마음은
몽롱한 의식 안개처럼 온몸을 감싸 안고 와
어디에서 어디까지인지 경계가 흐리다
계절을 지내는 것 같은 모호함
겨울에서 봄이 봄에서 여름이, 가을이 또 겨울이
어디가 시작이고 어디가 끝인지 분명치가 않다
지금 우리 삶의 형태에 경계도 애매하다

안개는 가끔 경계를 지우고 만다

억새의 함성

전 숙

억새는 우리들의 뒷심
여린 들국화 한 송이에도
응원의 함성이 되어준다

"옳지, 옳지,
조금만 더 힘을 내봐"
귀엣말처럼 달이 입을 달싹인다

눈물처럼 반짝이는
하얀 응원봉으로
물의 흐름을 바꾸고
바람의 방향을 바꾼다

언제나 조연인 민초들의 힘이다

분재

전하라

베란다 가득 채운 것은
신선함을 버린 계절이다

재활되지 않은 시간이 과거에 휩쓸리고 있다
화분엔 이념은 없고
죽어야만 살아나는 먼지만이
숨을 쉬며 폐활량을 늘리고 있다

고작 버텨낸 것은 윤기 잃은 추억
세포마다 춤추던 바람의 자세
거시적인 한 편의 영화 같은 허물들

효성아파트 102동으로
바람 한 줌 대문을 삐걱이며 열다가 멈춘다
시든 것들은 모두 다
재활을 꿈꾸지만 더 이상 재활은 없다

그늘이 비껴간 오후
죽어가는 분재 한 그루가
햇살에 마지막 생을 연명하고 있다

불두화

정가일

스님의 머리를 닮았다 하여 불두화라 이름이 붙여졌다 하지만
아니다, 저것은 마음속에 맺혀 있는 보푸라기다
일곱 살 짝꿍이 건네주던
오징어 귀에 대한 짭짜름한 간지럼이며
장독대를 지키고 있던 달리아의 선한 눈길이다
시고시고 홍옥만 사 주던 무명치마 질끈 동여맨 백합 같던 어머니의 마음이다
금방이라도 닿을 것 같은
몽실몽실한 온갖
마음들이

저기,

담장 너머에 피어 있다

가을의 이름 속에서

정관웅

끝없는 반복이 이어지는 시간에
사랑을 버리지 못하는
눈의 입체
그곳에 가면 어딘가에 고여 있는
노란 그리움을 볼 수 있다

오랜 시간 선택한 파문의 여행
혈관에서 되뇌던 입 밖의 생명
그는 천태산 은행나무

시간을 달이며 마음도 떠나지 못한다

빛이 빛을 알아본 순간

정다겸

푸른 밤이
아파트 숲을 지나
좁은 산길로 들어서면

초록빛 숲을 가르는
작은 불꽃 하나,
긴다색풍뎅이 날아든다

태양 한 조각이
그 등에 내려앉은 듯
반짝이는 날개가
운명의 짝을 부른다

빛이 빛을 알아본 순간
두 생은 겹쳐지고

빛으로 짜인 선율
하나 되어 흐른다

푸른에 갇히다

정동수

천 겹의 웃음 토해내는 듯
사과밭 철망에 풀들 휘황하다

소라쟁이 메꽃 애기똥풀 하늘타리 환삼덩굴 인동덩굴
제 몸을 찔러 넣어 푸른 담을 이루었다

그 담으로 꿀벌이 날아들고 뱀이 푸른 허물을 벗어놓는
청개구리 짧은 보폭으로 담의 경계를 아우르는

떠도는 바람에도
더럽혀지지 않는 푸른,
푸른 소리의 파동

여기서 언제까지 희망의 꿀을 내 벌통으로 날을 수 있을지
이 울타리에서 어느 순간까지 붉은 종을 울려 담을 떨리게 할지

자욱한 풀벌레 울음소리
내 손의 굳은살을 스치며
담을 빠져나가고 있다

샛별이 얼굴을 씻고 마중하는
흰 어둠으로

노을

정미숙

꼭지 하얗게 부서진 잔파도 거느리며
그대, 그대는 놀고 있어야 하는데

어렵게 사는 당신의 국물 한 그릇

당신 얼굴 눈부시며 빨간 미소
그냥, 그대로 그 자리에 있어야 하는데

외로운 갯벌에서
벌겋게 벌겋게 타고 있어라!

개굴 경(經)

정바름

개구리가 울어 태학산이 깨어났다
법왕사에 칩거하던 부처님도
법당 문을 열고 가만히 듣는다
긴 겨울 수행 끝에 터지는 말씀
생강나무 와글와글 꽃을 피운다
깨달음도 없이 먼 길 걸어왔구나
꽃 한 송이 못 피우고 살아왔구나
오늘은 경칩, 가던 길 멈추고
개구리 소리 듣는디
봄날의 경(經)을 듣는다

바람이 불자

정상조

뒤집히며 반짝이는
아카시아 잎을 지나서
아침 햇살
어떤 색을 품고 와서
어디로 가는지
얼굴을 그려 놓고
따라가보고 싶다

바람은 무슨 색일까
박새의 울음은 아니겠지
머물러 있는 것이
소중할 때가 있다
머물러 있는 것이
어디 있겠는가

화해

정세훈

딱히 그 나무 이름은 기억나지 않지만
마지막 낙엽이 떨어지고 있었어

낙엽은 가을에 지어 가을에 떨어진다 했는데
이놈은 한겨울에 떨어졌던 거야

그것도 바람에 의해서가 아니라
그렇다고 눈비에 의해서가 아니라

남들은 다 떠나도 난 못 떠나겠다고
이유 없는 억지와 오기를 부려대듯

앙상한 가지 위에 꼼짝않고
매달려 있던 마지막 낙엽이

하늘 맑고 고요하여 청청한 날
제 몸 스스로 떨어져 내리고 있었어

은행나무 사랑

정 숙

단풍나무처럼 단내 나는 사랑은 차 한 잔 나누는 새 식어버리느니

시든 잎

정우석

화장실에 놓아둔 채
까맣게 잊고 만 너

흐느적흐느적 고개 숙인 채
침묵시위 중이네

갈색으로 변한 이파리
원망하듯 눈 흘길 때

기껏 낯선 곳 데려와 놓고
네 울부짖음 듣지 못했구나

물 한껏 머금을 즈음
배시시 웃는 너

쪼그라든 잎 흔드는 순간
부끄러움 온몸 휘감네

다 떠나거라

정원도

다 떠나거라
꽃 지고 봄비 내리는데
누가 나를 떠나야 한다면
한순간 숨이 멎는 시만 남고
다 떠나거라
밤 지새워 나를 몸 떨게 하는 시만 남고
꽃 진 자리
파릇한 나뭇가지마다 옮겨 앉으며
지루한 아침을 기다리는
새가 되어도 좋아라

나의 고향

정의숙

긴 세월 버팀목으로
서 있던 뒷동산 소나무 한 그루
갈 길 바쁜 일손들 머무는 자리
그늘 아래 쏟아내는 정이 흐른다.

보리수 열매 따던
허물없던 친구들,
보이지 않고 회색 벽만
어린 추억 가리고 서 있다

달구지 끌던 아버지 뒷모습
추억으로 서려 있고
어린 시절 고스란히 묻어 있는 옛길
회색빛 따라 세월은 달리고 있다

능소화와 장미

정이랑

학교 담장을 붙잡고 있는 능소화의 웃음소리,
웃음소리 아래 앉아 있던 장미도 따라 웃는다
5월에서 6월로 가고 있는 시간 속에,
발걸음을 잡아 놓고 하늘 바라보게 하는 그녀들
고향 집을 떠나올 때도 그랬다,
담벼락 너머 나를 바라보던 어머니 곁에서
노랗고 빨간 그녀들의 함성 소리,
해마다 떠올랐다
멈추지 않고 땅 속에 있었다,
두 발은
인내하고 또 인내해서 결국 꽃 피우는 그녀들
30년을 타향에서 살아온 내가 꼭 그녀들 같아
5월에서 6월로 가는,
이때에는 차마 웃지 않을 수 없었다

갯메꽃

정택근

가장 바람 센 곳에 피는 건
가장 연약한 꽃이었다

소금기 어린 모래를 비집고
태어난 이유를 묻지 않고
밀물에 눕고, 썰물에 일어서는

나는 그 꽃을 보고
무너진다는 말 대신
견딘다는 말을 배웠다

삶이란
지워지는 길 위에
다시 피는 일이라는 것을

부추꽃 안쪽이 흔들린다

정하해

부추꽃이 폈다
직접 키운 거라며 몸체만 싹둑 잘라 보낸 것이
우주를 열었다

냉장고 안에 머리를 박고 아무 말이나
대가리 바짝 쳐든
흰 것

밥을 먹다 말고 통점으로 이어진 뿌리를 생각한다
뿌리가 타전하는 감정이라는 게
저것의 안쪽인지

부추꽃과 함께 전을 부친다
올 손님도 없이

영국사 은행나무

정현숙

세상의 한가운데
고요한 장좌불와

천년 세월 짙어지고
씻고 씻은 금빛 얼굴

넉넉한
묵언의 기도
천태산을 기억하네

천년의 기도

정호윤

천년 바위 이끼 향 그윽한 고을
천 길 캄캄한 어두움 바위 틈새 헤집고
천 갈래 만 갈래 뿌리 뻗어
영험한 샘물 정안수로 공양하고

아름드리 거목 우뚝 세워
곧은 가지 묵언의 하늘 품은 채
간절한 기도 노오란 이파리에 새겨 담고

삭풍 에이는 모진 눈보라
옆구리 할퀴는 매서운 비바람
천년의 고통 옹골차게 견디어 내고

참선 수행 끝없이 펼쳐
존엄하고 성스러운 자태
평안의 보금자리 터 잡고

자비의 팔 벌려 두 손 모아
목마른 인간들
소원 성취하게 하소서
온 누리 태평성대 이루게 하소서

수탉

조경선

어릴 적 앞마당에
닭장이 있었다
엄마는 무심하게
계란을 꺼내오라 시켰다

닭장 문을 열 때부터
시뻘건 투구 벼슬 수탉은
벌써 싸움꾼,
내가 한 발 뗄 때마다
날개 군기를 세우고 뾰족한 부리 창으로
고무신 위 여린 살을 콕콕 쪼았다
풍선처럼 부풀던 발등

겨우 계란을 꺼내 들고
후다닥 닭장 문을 뛰쳐나오면
다다닥 수탉도 뛰어왔다
엄마야,
그래도 저녁상 위 계란후라이는
나의 전리품이었다

상처

조경순

내 안에
감추어진
모서리로 들어가서

넘어져 울게 한
깨어져서 피나게 한

그 상처
얼마나 될까
탁본 뜨는

가을
오후

분꽃

조광자

한해살이 근본도 없는 것들
자투리땅에 뿌리를 내리고 세 들어 산다

이웃이 누르는 그늘에는 발라낼 햇살이 한 줌도 없다
디딜 곳을 찾아 이리저리 흔들리는 동안
느슨해진 해가 그늘을 들치고 손짓을 한다
뼈대를 키우지 못한 여린 싹을 안고 지긋이 몸을 튼다

마디마디 누워서 어디로 가야 하나
비틀린 관절들이 집 밖으로 밀려나 문간방에서 몸을 풀었다

낮이면 입 다물어 고개 숙이고
밤이면 몰래 별들에 몸을 연다
벌 나비 찾아오지도 않았는데
한 태에서 색색으로 피어난 분꽃
까만 씨앗 여럿 품었다

오늘 밤, 별똥별 수없이 떨어지겠다

보름

조길성

어둠 속에서 문득 잠이 깨었을 때
창문을 통해 들어온
흰 종이 한 장이 빛을 발하고 있었다
종이는 살아 숨 쉬는 것 같았다
그저 거기 놓여 있을 뿐인데
움직임도 소리도 없는
빛나는 고요가 뭉클 내 머릿속에 손을 넣어 왔다
이게 뭘까
슬픔도 아닌 기쁨도 아닌 울음도 아닌 것이
어머니처럼 내 속으로 들어와 가득했다
고등어 떼가 바다를 모르듯이
나는 고요히 종이와 한 몸이 되어 갔다
태어나 처음으로 만난 이상한 세상의 빛이 되었다

은행나무 명화

조대환

천년을 하루도 거른 적이 없다
봄부터 누구에게 시키지 않고 하나씩 걸어
문단속하는 할머니

가지가지 창문마다 번호 키처럼 채우고
그일지는 손톱으로 적어 나이테에 담는다

나가지 말라고 하는 문단속 너머
찬 바람이 날아오고 함박눈이 스며들고
갈까마귀 몸을 누이고 그믐달이 걸터앉은
할머니의 큰 품은 먹구름 속에서 따스한가?

첫눈 쌓이는 날 쩔쩔매시던 할머니
두 손에다 살구 같은 이미지 쥐여주셨다
뵐 때마다 명화 같은 시 적게 하셨다

겨울 미각(味覺)

조동권

밖이야 얼거나 말거나 부엌문 열면
아궁이 밖까지 마중 나왔던 밑불 위의 풍경
보글보글
자글자글

돈은 없어도 마음만은, 정만은
담뿍 주고 싶었다,
살아 보니 남은 것은
그립고 그리운 맛뿐이었다

꿈에 들어도 늘 꿈으로 먼
알싸하고 짭조름하고 시큰한
눈발에 쓸려 조용히 어깨 들썩이던
뿌연 밥상

외할머니의 감자밭

조성범

여름 방학이면 만나던 외할머니
그 웃음이 나를 먼저 맞아 주었다
비탈진 감자밭 가장자리에
외할머니는 늘 앉아 계셨다
"여긴 바람이 참 좋구나"
흙냄새 속에서 그 말이 흘러나왔다
햇살은 어깨를 덮고
바람은 손등의 주름을 어루만졌다
그 눈빛은
감자꽃처럼 환히 피어났다
나는 옆에 앉아
작은 돌멩이를 굴리며 놀았다
외할머니의 미소는
밭이랑 너머로 흐르는 시냇물 같아
조용히, 그러나 끝없이 이어졌다
비탈 끝으로 흘러내린 땀방울도
햇살 속에서 별빛처럼 반짝였다
여름 방학의 기억 속에는
늘 그 자리의 평온함이 남아 있다
지금도 내 마음의 감자밭에는
외할머니가 좋아하시던 바람이 불고
그 미소가 햇살처럼 나를 감싼다

어디에 있나요

조소영

겨울비에 젖은 구천동 삼거리
지나갔던 소형 유조차가 뒷걸음으로 다가왔죠
한 굽이, 또 한 굽이
빗물을 헤치며 당신에게 가는 길
―주민은 헐항께 기냥 계시쇼 빗속을 뛰어
곤돌라 탑승권 내밀고 휑하니 달아난 청년
어떻게 알았나요
지구 반대편 돌다 헐거워진 속내를
곤돌라 오를수록 짙어지는 당신의 향기
가슴 벌렁이며 애타게 찾아도
물안개가 감춰버린 당신
아무 데도 없네요
오늘
아랫길로 마중 나왔나요
손잡아 주는 이로
아무 데나 있는 당신
덕유산

시련의 뿌리

조숙제

아린 상처도
제 살붙이라는 것을 터득하느라

칼날 같은 비바람 앞에서
감당할 수 없는 무게에 짓눌려
참으로지, 속절없이 많이도 무릎을 꿇었다

그러나 먼 길 걷다 보니
영원할 것 같던 시련도, 끝내는
뿌리가 희망을 품기 위한
순간의 고통이었음을

깊은 상처가 결국은 아물어
매운 향기를 잉태한다는 것을
실한 열매를 맺는다는 이치가

모진 혹한 속에서도
얼음장 밑으로
물 흐르듯 밀려드는 날

보름달

조영행

어머니 기일 날
잠이 오질 않아

한밤중에
간장독을 열어 보니 달이 떠 있다
어머니,
해사한 얼굴이 거기 있다

큰아들 집에 제삿밥 드시러 가는 길에 들르셨을까
이제 애간장 녹일 일 없어서일까
그 모습이 고요하다

간장을 손가락으로 찍어 먹어 보니
짠맛도
젓 맛도 아닌
지나가다 들렀다 그 말만 목을 넘긴다

돈이 열린 나무

조재도

가을 산의 누런 낙엽은
오만 원권 지폐
간밤 돈 신이 나를 위해
돈다발을 뿌려 놓으셨나

저 돈 다 줍는데 얼마나 걸리려나
저 돈 다 주으면 이재용보다 부자려나
저 돈 다 쓰는데 얼마나 걸리려나
저 돈 평생 써도 다 못 쓸 걸, 하는데

핫핫핫
돈에 미쳐도 단단히 미쳤구나 하여
깜짝 놀라 눈 들어 올려다보니
굴참나무님께서 옛다 이놈아 돈 하며
크고 누런 오만 원짜리 한 장
툭 떨어뜨려 주는 것이었다

작약꽃 생각

조정숙

강변 산책로 아파트에
노을이 걸렸습니다
할머니 희끗한 머리 뒤로
작약꽃이 보였습니다
붉어지는 얼굴에
함께 걷던 강물이
왜 그러느냐고 물어도
그 모습 사라질까 봐
그 냄새 달아날까 봐
생각을 모으고 있었습니다

꿈꾸며 일렁이던 시간이
자갈밭을 걸어왔다 해도
함께할 생각이었다면
할머니의 소녀도, 소녀의 할머니도
작약꽃으로 피어납니다
붉어지는 마음에
따라가던 발걸음이
왜 그러냐고 물어도
그 소녀가 사라질까 봐
그 시간이 달아날까 봐
생각을 모으고 있었습니다

질경이

조하은

기다려주지 않아도 스스로 일어서는 것들이 있다

차가운 흙 속에서
물과 빛이 내려놓은
가장 적당한 어느 한 날을 향해

화려한 꽃잎으로 눈 뜬 적 없어도
발길에 밟혀 움츠러들어도
꿈틀거리며 다시 일어서는

센 척했지만 걸어갈수록 등이 굽어지는 저녁에
틀어진 자세를 고쳐 세우고
묵묵히 살아내는 한 생을 내 안으로 들여본다

서울의 강 11
―황혼 그 바다를 향하여

지성찬

강물도 이쯤에선 발길이 더뎌진다
한 포기 들풀에게 무슨 말을 전해주랴
흙이여, 너는 알리라 하류로 가는 길을

강 따라 길을 낸 후 물새마저 가버렸네
갈꽃만 홀로 남아 빈 하늘을 지키는데
세월의 푸른 물결은 잠들 수가 없으리

낡아가는 풍물들로 부침하는 포구에서
마지막 노을빛이 그 몇 번 붉었으랴
흘러서 강을 말한다 흐른 후에 아는 것을

바람이 멈추었다

진영대

바람이 멈추었다
다리 아래 억새잎은
팽팽하게 탄성을 유지한 채
바람과 맞서 휘어져 있었다
바람의 방향과 무관하게
자동차는 다리 위를 질주했고
사람들은 그림자처럼
나를 통과해서 지나갔다
바람이 멈추자
자동차의 마찰음은 들리지 않았다
무성영화 속 사람들이 바쁘게 지나갔다
발소리도 없이
가깝게 다가온 어떤 숨결의 따듯함처럼
연꽃 한 송이 벌어지고 있었다
바람이 멈추고
세상의 모든 소리가 일시에 정지했다

숲은 태풍 이겼다

차옥혜

강력한 태풍 몰려와
가로수들
몸통 부러지고
뿌리 뽑혀 쓰러졌지만
숲의 나무들은
우듬지 가지들
맞부딪히며 흔들려
바람의 충격
분산시켜 나눈 탓에
뿌리 진동 줄여주어
뿌리 지켜 살아남았다
혼자 우뚝 선 나무보다
여럿이 모여 숲 이룬 나무들
태풍과 싸워 이겼다

천년 은행나무의 전언(傳言)

차용국

여의도와 용산에서 마구 쏘아 올린 말풍선을
어찌 이 맑은 숲길에서 다시 보고 싶을까
핸드폰을 지우고 산문(山門)에 들었어요

감히 넘볼 수 없는 외성(外城) 같은 첩첩 산세(山勢)
초록의 이끼 자라는 건강한 숲은 문을 열어
낯선 산객의 마른 가슴에 푸름을 보시(普施)하네요

북쪽에서 던적스러운 먹구름이
아스팔트를 달려 징그럽게 따라왔지만
천태산 마루와 능선을 넘어오진 못했어요

국가에 재난이 있을 때 울음소리를 낸다는
신성한 천년 은행나무 아래에서
델포이 신탁을 기다리는 어린 양처럼 눈을 감았어요

먼바다 큰 파도가 갯고랑을 늘썩이며 돌아오듯이
시원(始原)의 강물 타고 일렁일렁 건너오는
입추의 환한 햇빛 같은 노래가 들려오네요

그렇게들 먹지 마라

채승영

귀신도 쫓아낸다며 돋아나서
세상 살피는 봄날 화살나무

눈에 핏발 세운 아낙들이
칼 들고 낫 들고 덤벼든다
뜯고
자르고
뿌리만 남기고
살가죽도 벗긴다

어이쿠야
사람이 천년만년 살겠다는데
관신부정(觀身不淨)이라 부처님도 하는 말
납골당에 가서 보아라
한낱 뼛가루,
우리들의 진짜 모습을

사람의 저녁

천선기

강과 바다가 이어지는 길
바다를 보며 걷는 날이 있고
강을 보며 걷는 날이 있다
어디를 보며 걷느냐에 따라서
바다와 강은
오른편에 오기도 하고
왼편에 오기도 한다
강물은 바닷물 바로 앞에서 멈추고
바닷물은 강물 바로 앞에서 멈춘다
어디까지 가야 할지 알고
어디에서 멈춰야 할지 아는
내 오른편의 바다와 강
내 왼편의 바다와 강
바다와 강 그 경계에서
가지도 못하고 멈추지도 못하는
사람의 저녁

변신과 변심 사이의 단풍

천수호

숲은 가지고 있던 것을 버렸다
버리면서 새로 가진 저 색깔들
변심의 증거라 해도 좋을까

아이 머리카락이 노랗게 바뀔 때
그도 숲의 핵심에 다가가는 것이라 해두자

변신과 변심을 핵심으로 두기에는
숲의 색은 더 난해해졌지만

한 잎이 다른 한 잎에게 색을 건넬 때
물수제비처럼 가볍게 뛰어 건너거나
빗물처럼 굴러간다고 생각하면 오산이지

오산과 오판이 우연히 정답을 찍어내듯
숲과 숲의 전염은
노랑머리 아이의 새하얀 자의식처럼
확신에 찬 규칙이 없다

핵심에서 멀어져가는 것들의 아침처럼
산비둘기 한 마리가
숲의 뒤쪽부터 읽느라 푸드덕거린다

한쪽을 버린 소리들이 터지는 중이다

차라리 한꺼번에
터져라!

어라

최경선

점점이 떠 있던 개구리밥
우르르 끌어당기며 모여든다

올챙이 시절 잊은 채
날벌레와 치어만 찾는 놈
네가래 잎 타오른 놈
물풀에 숨어든 놈
따로이 있다가도
비 올라치면 비만 올라치면
꾸르꾸르르 개굴개굴
꾸르꾸르르 개굴개굴
떠들썩하게 요란 떨던 놈들
침묵할 때를 아는 듯 조용하다

머흘머흘 흐르는 구름
심상치 않다

기억 속의 행복

최경화

초록빛 하늘 아래
봄꽃들이 자랑스럽게
빛나고 있구나

얘들아 너흰 어찌
그곳에 머무는 인연이 되었느냐

누구의 간섭도 없고
계절 속의 멋을 품은 채
자유를 누리는 꽃이 되었느냐

눈빛 마주치며 인사하고
서로의 안부를 물으면서
향기를 전해주니 고맙구나

다시 태어나도
그 자리에 그렇게 눈 뜨고 있겠구나

바람과 구름으로
자유로운 기억 속을 이어가는
초록빛 세상,
꽃 그림자를 만들고 말겠구나

꽃의 다짐

최성규

꼭
견디어 낼게
꼭
해내고 말게
꼭
웃어줄게
꼭
꽃이 될게

반계리 은행나무

최성자

소문으로만 듣던
팔백 년의 은행나무
지난가을 드디어 마주했다

커다란 가지를
버텨내듯 받쳐주는 나무가
장관이었다

황금빛 잎사귀가
꽃비처럼 휘날릴 때
넋마저 빼앗기고 말았다

그 자리에서 팔백 년의
사랑과 전설이 이어지듯,

하늘을 이고 앉아
바람을 따라온 오래된 이야기를 들려준다

노을을 배웅하고 새벽을 마중하는 시간

최연우

서성이다 웅성거리는 소리도 잦아들었다

아이들도 놀다 지쳐 집으로 돌아간 시간,
노을을 마중 나갔다
고단한 발걸음마저 그리움으로 채워지느라
밤새 뒤척이다가
물끄러미 새벽을 맞이했다

반복되는 일상처럼,
변함없는 노을 속에 앉아
시간이 흘러온 길을 응시한다
멍하니 한 점 바람이 따라오고
아직 아침을 열기 전,
허전한 마음을 물안개로 채운다

저기, 어둠이 걸어가고 있다

옛길

최영림

직선은
머물지 않는다

전설도
추억도 묻지 않는다

산허리를 뚫고
바쁜 길이 달린다

옛길을
전설만이
외롭게 넘는다

황혼

최원칠

그때는 청춘이었을 옛 포구를
끝내 찾지 못하고
돌아서는 노부부의 등 뒤에
석양빛이 물들고

카페 더 테라스
수수한 연인의 탁자 위 맥주잔에
붉은 노을이 담겼다가는
비워져 사라진다

뻘게는
긴 갯벌 위 마지막 온기를
등 껍데기에 얹고서
귀가를 서두르는데

젊은 날 라디오에서 들었을
트리움 비랏의 음악이 흘렀다
말로는 설명할 수 없어요
영원히 이 순간을 기억해요

그대 잊은 적 없다

최재경

꽃이 진다
풀잎이 눕는다
이슬 다녀간 자리에
찬 서리 내린다

꽃 지고
풀잎 쓰러져도
한 번도
그대
잊은 적 없다

끄트머리

하호인

숲으로 간다

뿌리 끝에서 끌어 올린 힘으로
몸통 하얗게 태우다가
눈부시게 마무리하는 저 노란빛

불꽃 심지
가장 깊은 곳의 색깔은 고요한 노랑
철없이 솟구치던 뜨거움이 수그러들면
붉음도 저리 맑게
순화되는 걸까

가야 할 길을 가다가
때로는 가고 싶은 길을 가기 위해 오래 걸었다

놓친 버스 대신 선물처럼 다가온 차편에
횡재한 기분으로 오를 때도 있었지만
대가 없이 거저 오는 것은 없었다

자주 굽어진 길을 서성거리게 했다

낙엽 쌓여 바삭거리는 오솔길 끄트머리에 서 있다

올려다보면 무수히 손 흔들어 써 내려가는
황금빛 늦가을이 쨍쨍하다

노년 애가; 절정(絶頂)

하종오

늙은 은행나무는 꽃을 피우는 봄보다
단풍 든 잎을 모두 떨어뜨리는 가을에
가장 아름다워지는가 보네
늙은 당신이 늙은 은행나무를 올려다보다가
모든 생각을 그만하지 않는가

늙은 당신은 열망으로 들끓던 초년보다
모든 생각을 그만하는 말년에
가장 사람다워지는가 보네
늙은 은행나무가 늙은 당신을 내려다보다가
단풍 든 잎을 모두 떨어뜨리지 않는가

잠영(潛影)

한상대

밤에는 저 구름도
자는 줄 알았더니
하늘을 연못 삼아
소리 없이 헤엄치다
퍼뜩 눈뜬 달빛 아래
은빛 비늘 들켰구나

호수의 밤

한성진

호수 건너 불빛들이
별빛 되어 흐르고 있네
저곳은 영원히 갈 수 없는 아득한 곳이런가?

빛을 삼킨 호수는
검은 속내를 감추어
이른 잠에 빠져들고

호수 건너 불빛들이 아련하게 흐르는 모습은
영겁의 세월 너머서의 빛이런가?
우주 끝까지의 거리를 호수가 삼켜버렸지

호수는
물속의 수많은 시간과 사연을
다독이며 잠재우고 있네

모과

한승필

모과가 잘 났다면
이미 모과이기를 포기한
아니 변신을 꿈꾸는 변절자일 것이다
그렇다면 모과는 못나게 태어나야 모과인가,

모과는 사람들의 입방아에 관심이 없다
못난 놈이라고 아무도 거들떠보지 않을 때
모과는 제 몸의 향기를 우려
온 세상에 퍼뜨린다

천상의 모과 향을 의심하는 자는
세상 어디에도 없겠지만
모과는 그렇게 못난 얼굴로
제 이름값을 알린다

못난 놈이라야 모과라고 인정받는

반가사유상

한영채

통도사 일주문 앞

오백 년 팽나무 등에 검버섯 활짝 피었다

등짝이 푸르스름하다

꺼칠한 거죽이 미라처럼
우레와 태풍과 햇볕과 바람을 오래 견딘

지난날이 강물처럼 흘러
한 생을 접었다

새순이 날 때마다 맑은 물방울이
심장을 적실 때도 있었지만

속 비워 머리 숙이고 등을 곧추세운 채
옛 기억을 생각하는 당신처럼

낮은 대로 기도하는 뿌리 깊은 반가사유

허공에 푸른 가슴이 뜬 눈으로
걸음마다 파고든다

대꽃

한이나

대는 속이 비어서 제 속에
바람을 지니고 산다

왕죽이 울창하게 들어앉은
단속사 대밭
시퍼렇게 멍든 몸으로
곧게 생을 떠받치고 서 있는 힘
속내를 앓다가 다 비운 자리에
그만큼의 소슬한 바람으로 채운다

있고 없음이 하나다
내가 바로 너다
내 몸 안으로 대 끝에 걸려있던 해가
쑤욱! 들어온다

대꽃이 일제히 필 때를 기다린다

가을비

한종훈

주식 고급 정보 원하면 1번 답장주세요
청년 전월세보증금 금리가 변동되었습니다
카드 결제 금액 명세서가 도착했습니다

향일암 오르는 길
허리를 붙잡고 따라오는 너

가파른 돌계단
한 걸음 두 걸음 걸을 때마다
열 걸음 스무 걸음 휘청거린다

나무들 춤사위도 바람의 목청도
잦아들어 고요한데
살겠다고 살아보자고

악착같이
휴대폰 우는 소리 들릴 때

절 고양이 한 마리
기지개 켜듯 젖은 몸을 쭉 뻗으며
마당을 고요히 가로지른다

잡념도 불안도 단풍 물이 들겠다

네 발 자전거

한효정

아이가
삐뚤빼뚤 페달을 굴리며
혼잣말을 한다

엄마, 나는 느리게 가고 싶어
마음이 따뜻해지거든

햇빛보다 따뜻하고
바람보다 따뜻한

네 발 자전거에
새봄이 한가득
피어났다

밤에도 꽃은 피어

함창석

해 뜨면 수련은 꽃 피우니
태양을 상징하면서
이집트 고대 문양의
중심에 있는 꽃이지만
동양의 연꽃은
그런 태양을 낳는 꽃이다
아침에 깨어나
연꽃의 꽃잎 속을
자세히 들여다보면
해그림자로써
그 속에 태양이 잉태되어
있는 것은 아닐는지
저 밤이 새도록
태양을 맞을 꿈에 부풀어
다소곳한 연꽃이니까
주절거리는 풋 시인

고사목

허남기

오백 년을 넘겨 산 고사목
속이 검게 타버린 고목이지만
지금도 풍채가 우람하다

마지막 안간힘이 늙은 고사목
중심을 잡기 위해 무게를 털고
여생을 지탱하는 속 비우는 힘

허공이 되는 저 늙은 고사목
어느 날 느닷없이 날벼락 맞고
문득 깨우쳐 몸을 비웠네

하지만 새하얀 가슴이
얼마나 오래 살았는지
정말 마음 비운 노익장이다

거품 수족관

허승희

거품이 지구를 덮는다
지구가 점점 뜨거워진다

죽어서도 썩지 못하고 찢어 버릴 수도 없는
하얀 담요가 다정하게 나를 덮고 또 덮는다

욕조를 가득 채운 하얀 담요가 입을 뻐끔거리며
장거리 여행을 시작한다

모차르트 교향곡이 흐르는 공중 화장실을 나와
우량천변 버드나무 웃음소리를 삼키고
물오리 갈퀴에 허연 물집으로 피어오른다

하얗고 따뜻한 담요는 누구도 거절할 수 없다
나는 점점 질식해 간다

눈 먼 물고기들이 떠다니며 담요를 덮는다
바다의 심장에 검은 구덩이를 판다

세상의 숨죽인 평화를 위해 몸을 불리던
하얀 담요가 여행을 마친다

도대체 하늘은 보이지 않는다

옹이

　　　　　　　　　허정진

새가
발가락에 힘을 주고
날아오르듯

목마르거나
혹한의 눈보라를 견뎌낸 나무
단단한 뿌리의 힘으로
다시 일어서야 할 때

힘내야지
불끈 힘준 삼두박근
저, 옹이

구애

현상연

매미 울음에 가려졌던 귀뚜라미 울음
날개와 날개 사이로 왔다
초가을을 부르듯
폭염은 모른 척 바람 속에 숨고
맑고 청아한 소리만 또록또록 구른다

시가 내 자존심이듯
귀뚜라미에게 자존심은 울음뿐,
가장 밑바닥을 끌어올려 저만의 방식으로
풀 이슬과 소통하고 구애하는
귀뚜라미 노래

가을을 구합니다

시간의 그림자

홍하표

어느 여자 중학교 정문 안, 등. 하굣길
가파른 언덕길 정심로(正心路)에 계율 아닌 계율
비석(碑石)에 새겨져 있다
   '이 길을 오르내리는 동안 우리들의
   마음과 몸은 자란다'

매일 같이 이 길 오르내리는 아이들,
귓속말로 속삭거린다
   '3년 동안 오르내리려면 우린, 이제
   무다리 되겠다'

비명(碑銘)에는 떠나간 아이들 그림자가
보이지 않는다

도도한 낙화

황경연

허공에 천둥소리 요란하다
담장에 날벼락 치는 날에도
능소화 덩굴 여름 변주곡으로 찬란하다

꽃가루를 만지는 순간
두 눈이 멀어버리는 기막힌 사랑
가슴에 품은 채

태양은 아직 저리도 찬란한데
한 가닥 미련도 없이
송이째 툭 떨어지는
저 도도한 낙화

내 마지막도 저와 같아라
내 무덤도
능소화 꽃무덤만 같아라

꽃밭

황구하

무리 지어 핀 꽃양귀비한테
세 살배기가 배꼽 인사를 한다
수국, 패랭이, 민들레한테도 차례차례
연두 이파리 두 손을 배에 착 붙이고
안녀엉하세요, 꽃잎처럼 고개를 숙인다
옆에서 함박함박 사진을 찍다가
무릎을 낮추고
아기에게 배꼽 인사를 했다

천년나무

황명자

등이 휠 법도 한데
하늘 향해 꼿꼿하다
산발한 머리채 비단결처럼
곱디고운데 누가 천년나무라 믿겠는가
여기저기 상처 난 흔적,
세월에 묻혀 아스라이 사라지고
어느새 새순 돋아 새잎들 활짝 피워내는
거룩한 자궁 속, 누가 알아
내년을 기약하리
오직, 천년을 살아낸
은행나무만 깊은 비밀처럼
속속들이 숨겨 놓아
내년도 올해만 같아라,
빌고 또 빌 뿐이니
그 맘 알아 저리 청청,
하늘 높이 가닿았구나

눈 온 아침

황미경

간밤에 네가 다녀간 걸
발자국 보고 알았네
맴돌다 망설이던 곳
차마 들이지 못한 마음
바람도 알고서
흔적을 덮어주네

옥상의 시간

황성주

흙이 담긴 큰 그릇마다
고구마 순 십여 개씩 심었다
시들시들하던 순에도
정성껏 물을 주며 살피자
어느 날 눈꼽 만한 싹이 돋았다

왕성한 여름이 가고
서리 내리는 가을에 캐보니
붉은 고구마 한 상자가 나왔다

고구마는 몇 개월 사이
바람 소리보다 빠르고
빛보다도 빠른 순간을 앞질러
폭풍 시간의 변화를 거듭해
이리 굵어졌을 것이다

거친 비바람에도 봉오리 올리는 야생화
우리 인생도 폭우를 견디는 시간 같으나
그래도 후대를 이으며 살아냈으니
더 이상 무엇을 바랄까

바람 불어 좋은 날

황용선

꽃신 하나 샀다

웬 바람이야

세월이 가면 바람도
꽃이 되는가 봐

웃었다

몸의 꽃

황은경

우주가 멀리 있는 줄 알았다
황소의 마지막 워낭소리를 들으며
슬프다 못해 아팠던 어린 마음
풀썩 주저앉던 연한 풀
토끼풀꽃 한 움큼 쥐어뜯고
세상에 터진 울음소리

아침과 저녁을 밝히는 빛의 집
사람의 머리 위에 저 태양이라는 등
사람의 마음 위에 저 달이라는 등
사람이 대체 뭐길래 자연은 조연이고
사람은 대체 뭐길래 항상 주연일까?
우리 존재가 세상에 남기는 길을 본다

연하게 돋아 단단한 결을 만나
화사한 꽃을 피우기까지 흘러가야 할
시간이 짧은 몸의 꽃길을 보라
당신은 우주다

이끼

황지형

녹색 뒤에 가려진 돌멩이에 부딪친다
무심코 돌 맞은 기분이라고 울먹울먹

개구리가 올챙이 시절을 모른다고 말했다
녹색은 어둡다
좁고 깊은 우물은 녹색을 우물에 넓힌다
미끄러지면 뇌진탕에 빠진다

녹색은 돌멩이에 악착같이 달라붙고
거울을 헛짚을 때까지
자신을 어려워하도록 우물 속에서 어른거린다

뜀뛰기 선수도 나오기 쉽지 않아
하늘에서 내려오는 두레박을 기다려야 할 상황

입을 벌릴 듯 말 듯
요동치는 두레박에 올라타게 소용돌이칠 줄도
탯줄을 끊지도 못한다

녹색은 이름을 바꾸며
이 우물을 들이마시려고 한다

가뭄이나 장마가 닥쳐야지
제 세상을 만난 듯 튀어나오는데
펄펄 끓는 반전이 없다

천년의 이야기

2025년 10월 1일 초판 1쇄 찍음

지은이 _ 천태산은행나무를사랑하는사람들
펴낸이 _ 양문규
펴낸곳 _ 詩와에세이

신고번호 _ 제2017-000025호
주　　소 _ (30021)세종특별자치시 조치원읍 충현로 159, 상가동 107-1호
대표전화 _ (044)863-7652
팩시밀리 _ 0505-116-7653
휴대전화 _ 010-5355-7565
전자우편 _ sie2005@naver.com
공 급 처 _ 한국출판협동조합
주문전화 _ (02)716-5616
팩시밀리 _ (031)944-8234~6

ⓒ천태산은행나무를사랑하는사람들, 2025
ISBN 979-11-91914-92-4 (03810)

*지은이와 협의하여 인지는 생략합니다.
*이 책 내용의 전부 또는 일부를 재사용하려면 반드시 지은이와
　詩와에세이 양측의 동의를 받아야 합니다.
*책값은 뒤표지에 표시되어 있습니다.